# EXITO CO

## CUADERNO DE CORRESPONDENCIA Y DOCUMENTOS COMERCIALES

### Second Edition

Michael Scott Doyle, University of North Carolina at Charlotte
T. Bruce Fryer, University of South Carolina, Columbia
Ronald Cere, Eastern Michigan University

Formatted and prepared by
Rachael Litonjua-Witt, San Diego State University

Holt, Rinehart and Winston
Harcourt Brace College Publishers
Fort Worth   Chicago   San Francisco   Philadelphia
Montreal   Toronto   London   Sydney   Tokyo

ISBN: 0-03-017319-1

Copyright © 1997 by Holt, Rinehart & Winston

All rights reserved. No part of this publication may be reproduced or transmitted in any form or by any means, electronic or mechanical, including photocopy, recording or any information storage and retrieval system, without permission in writing from the publisher.

Requests for permission to make copies of any part of the work should be mailed to: Permissions Department, Holt, Rinehart & Winston, 6277 Sea Harbor Drive, Orlando, Florida 32887-6777.

*Address for Editorial Correspondence:* Holt, Rinehart & Winston, 301 Commerce Street, Suite 3700, Fort Worth, TX 76102.

*Address for Orders:* Holt, Rinehart & Winston, 6277 Sea Harbor Drive, Orlando, FL 32887-6777. 1-800-782-4479.

Website address:
http://www.hbcollege.com


Holt, Rinehart & Winston may provide complimentary instructional aids and supplements or supplement packages to those adopters qualified under our adoption policy. Please contact your sales representative for more information. If as an adopter or potential user you receive supplements you do not need, please return them to your sales representative or send them to:
    Attn: Returns Department
    Troy Warehouse
    465 South Lincoln Drive
    Troy, MO 63379

Printed in the United States of America

    7 8 9 0 1 2 3 4 5    095    10 9 8 7 6 5 4 3 2

# INDICE

**PREFACE** ................................................................................................................ **vii**

**CAPITULO PRELIMINAR. INTRODUCCION A LA CARTA COMERCIAL**    1
    Lectura. La importancia de la carta comercial ...................................................... 2
        La redacción de una carta ............................................................... 2
        Carta modelo PL-1. ......................................................................... 3
    Lectura. Las partes de una carta comercial ........................................................... 4
    Lectura. Los estilos de mecanografía ................................................................... 10
    Carta modelo PL-2. Estilo bloque extremo ........................................................... 13
    Problema numérico-comercial PL-1. .................................................................... 16

**CAPITULO 1. LA EMPRESA**    17
    Lectura. Constitución de la empresa y la carta circular ....................................... 18
    Carta modelo 1-1. Carta circular de apertura ....................................................... 19
    Carta modelo 1-2. Carta circular de transformación ........................................... 21
    Carta modelo 1-3. Carta circular de clausura y liquidación ................................ 23
    Carta modelo 1-4. Carta circular de apertura ....................................................... 25
    Documento modelo 1-1. Escritura de una sociedad mercantil .......................... 27
    Problema numérico-comercial 1-1. ...................................................................... 29

**CAPITULO 2. LA GERENCIA**    31
    Lectura. Cartas y comunicados de ascenso y de recomendación ...................... 32
    Memorándum modelo 2-1. Anuncio de ascenso ................................................. 33
    Carta modelo 2-1. Carta de ascenso ..................................................................... 35
    Carta modelo 2-2. Carta de recomendación ......................................................... 36
    Carta modelo 2-3. Recomendación negativa ....................................................... 38
    Documento modelo 2-1. El organigrama .............................................................. 39
    Problema numérico-comercial 2-1. ...................................................................... 41

**CAPITULO 3. LA BANCA**    43
    Lectura. Cartas y documentos bancarios ............................................................. 44
    Carta modelo 3-1. Solicitud de crédito ................................................................. 46
    Carta modelo 3-2. Concesión de crédito .............................................................. 48
    Carta modelo 3-3. Denegación de crédito ............................................................ 50
    Carta modelo 3-4. Denegación de crédito ............................................................ 52
    Documento modelo 3-1. El cheque ....................................................................... 54
    Documento modelo 3-2. La boleta de depósito ................................................... 55
    Documento modelo 3-3. El pagaré ........................................................................ 56
    Problema numérico-comercial 3-1. ...................................................................... 57

## CAPITULO 4. EL TERRENO, LOCAL Y EQUIPO — 59

- Lectura. Cartas y documentos relacionados con el arrendamiento y los seguros de una finca urbana o de un local de negocios ....... 60
- Carta modelo 4-1. Envío de cheque ....... 61
- Carta modelo 4-2. Acuse de recibo de cheque ....... 62
- Carta modelo 4-3. Reclamación de un pago no atendido ....... 64
- Carta modelo 4-4. Solicitud de aplazamiento de pago ....... 66
- Documento modelo 4-1. El contrato de arrendamiento ....... 67
- Documento modelo 4-2A. La póliza de seguro ....... 69
- Documento modelo 4-2B. Extractos de póliza de seguro contra incendio ....... 70
- Documento modelo 4-2C. Extractos de solicitud de Seguro Combinado para Comercios ....... 71
- Documento modelo 4-3. La letra de cambio ....... 73
- Problema numérico-comercial 4-1. ....... 74

## CAPITULO 5. LA OFICINA: EQUIPO Y SISTEMAS — 75

- Lectura. La carta rutinaria ....... 75
- Carta modelo 5-1. Acuse de recibo de correspondencia ....... 77
- Carta modelo 5-2. Acuse de recibo de correspondencia ....... 78
- Carta modelo 5-3. Cambio de dirección ....... 80
- Carta modelo 5-4. Cambio de domicilio ....... 82
- Documento modelo 5-1. Recado personal ....... 84
- Documento modelo 5-2. Correo electrónico ....... 86
- Problema numérico-comercial 5-1. ....... 87

## CAPITULO 6. RECURSOS HUMANOS Y LAS RELACIONES LABORALES — 89

- Lectura. Las comunicaciones del director de personal ....... 90
- Carta modelo 6-1. Anuncio de un puesto vacante ....... 92
- Carta modelo 6-2. Contestación a la solicitud de empleo ....... 94
- Carta modelo 6-3. Solicitud de empleo ....... 95
- Carta modelo 6-4. Contestación a la solicitud de empleo ....... 97
- Documento modelo 6-1. Currículum vitae ....... 99
- Documento modelo 6-2. Formulario de evaluación del candidato ....... 100
- Problema numérico-comercial 6-1. ....... 102

## CAPITULO 7. BIENES Y SERVICIOS — 103

- Lectura. Cartas y documentos referentes a los bienes y servicios ....... 104
- Carta modelo 7-1. Solicitud de cotización ....... 106
- Carta modelo 7-2. Cotización ....... 108
- Carta modelo 7-3. Pedido ....... 110
- Carta modelo 7-4. Reclamación ....... 112
- Documento modelo 7-1. Vale ....... 113
- Problema numérico-comercial 7-1. ....... 114

## CAPITULO 8. MARKETING I: LA PUBLICIDAD Y LAS RELACIONES PUBLICAS 117
Lectura. Documentos, comunicados y cartas publicitarios ............................ 118
Carta modelo 8-1. Oferta de un nuevo producto ....................................... 119
Carta modelo 8-2. Oferta de servicios profesionales ................................ 121
Carta modelo 8-3. Anuncio de rebaja de precios ...................................... 122
Carta modelo 8-4. Inauguración de una sucursal ...................................... 124
Comunicado modelo 8-1. Extractos de relaciones públicas ...................... 125
Documento modelo 8-1. Extracto de una encuesta de marketing ............. 126
Problema numérico-comercial 8-1. ................................................................ 128

## CAPITULO 9. MARKETING II: LA COMPRAVENTA Y OTRAS FUNCIONES DEL MERCADO 129
Lectura. Cartas de compraventa ..................................................................... 130
Carta modelo 9-1. Cotización u oferta ....................................................... 131
Carta modelo 9-2. Pedido .............................................................................. 133
Carta modelo 9-3. Consignación .................................................................. 135
Carta modelo 9-4. Pedido .............................................................................. 137
Documento modelo 9-1. El contrato de compraventa .............................. 138
Documento modelo 9-2. La factura ............................................................. 140
Problema numérico-comercial 9-1. ................................................................ 142

## CAPITULO 10. LAS FINANZAS 143
Lectura. Los informes comerciales ................................................................ 144
Carta modelo 10-1. Petición de informes comerciales ............................. 145
Boletín modelo 10-1. Boletín o formulario de informes comerciales ..... 147
Carta modelo 10-2. Informe comercial favorable ..................................... 149
Carta modelo 10-3. Informe comercial desfavorable ................................ 151
Documento modelo 10-1. Orden de compra en bolsa .............................. 152
Documento modelo 10-2. Fax o facsímil ................................................... 153
Problema numérico-comercial 10-1. .............................................................. 155

## CAPITULO 11. LA PENETRACION DEL MERCADO INTERNACIONAL 157
Lectura. Cartas y documentos usados en los viajes al extranjero ............. 158
Carta modelo 11-1. Carta de reservación ................................................... 159
Carta modelo 11-2. Carta de solicitud de representación exclusiva ........ 161
Carta modelo 11-3. Carta de presentación ................................................. 163
Carta modelo 11-4. Carta agradeciendo ayuda .......................................... 165
Documento modelo 11-1. Recibo ................................................................ 166
Problema numérico-comercial 11-1. .............................................................. 168

## CAPITULO 12. IMPORTACION Y EXPORTACION — 169
    Lectura. Ofertas y pedidos de mercancía .................................................. 170
    Carta modelo 12-1. Solicitud de oferta ......................................................... 171
    Carta modelo 12-2. Pedido de mercancía ..................................................... 173
    Carta modelo 12-3. Descontinuación de mercancías ..................................... 175
    Carta modelo 12-4. Envío de mercancía ....................................................... 176
    Documento modelo 12-1. Permiso de exportación ........................................ 178
    Documento modelo 12-2. Certificado de origen ............................................. 180
    Documento modelo 12-3. Certificado sanitario ............................................. 182
    Documento modelo 12-4. Formulario de carta de crédito irrevocable ........... 183
    Problema numérico-comercial 12-1. .............................................................. 184

## CAPITULO 13. PERSPECTIVAS PARA SU FUTURO EN EL COMERCIO INTERNACIONAL — 185
    Lectura. El informe anual y la carta de transmisión del presidente ................ 186
    Carta modelo 13-1. Carta de transmisión del presidente ............................... 186
    Problema numérico-comercial 13-1. .............................................................. 190
    Documento modelo 13-1. Indice del informe anual ....................................... 191

## APENDICES
    Apéndice 1: Siglas comerciales útiles ............................................................ 195
    Apéndice 2: Respuestas a problemas numérico-comerciales ........................ 200
    Apéndice 3: Bibliografía de textos útiles sobre la correspondencia y la documentación comerciales ...................................................... 204

## VOCABULARIO. ESPANOL-INGLES — 207

## VOCABULARIO. INGLES-ESPANOL — 215

# Preface

**Exito comercial: Cuaderno de correspondencia y documentos comerciales** has been prepared for students in college business Spanish courses or those in business-based instructional programs who require practice in written commercial communication with individuals or groups in the Spanish-speaking world. When used in conjunction with its accompanying textbook, **Exito comercial: Prácticas administrativas y contextos culturales**, this workbook is designed to provide students with or without a background in business the vocabulary, basic concepts, and situational practice necessary to be successful in that rapidly-changing environment. It is assumed that students have mastered the fundamentals of grammar and that they have already acquired the vocabulary needed for general communication.

Vocabulary possibly unfamiliar to students is listed prior to each chapter. It is later reinforced in letters and documents typically used in essential facets of international business or domestic business as it is conducted in Spanish-speaking countries and communities. Both native speakers of Spanish as well as English-speaking students without prior knowledge of business content will find the vocabulary and related written activities useful.

This workbook can be adapted to the specific needs of a variety of groups. The textbook and workbook can be integrated for use in a semester or a quarter system course meeting two or three days per week, in evening or Saturday sessions meeting once per week, or in intensive courses during the summer. For these courses the instructor or students can be selective of materials and activities. For example, a combination of readings from the business section of the text and workbook could provide an overview of the context for establishing and developing a business. For students who already have that background, more time could be spent on practice activities from the text and workbook. For courses which last two semesters or quarters, the textbook and workbook materials form a complete unit which could be covered through chapter six for the first semester or quarter. The remaining chapters would be used for the second semester or quarter. Another option would be to select materials from both the text and the workbook and to assign additional current readings from magazines or journals.

## Contextual Structure of the Workbook

Instructors teaching a business Spanish course for the first time will find the combination of the text and the workbook to be "user-friendly," as will students with little or no commercial background, since there is a developmental sequence with a simple, clear continuity of business contexts throughout the materials. The Preliminary Lesson in the workbook provides a basic introduction to letter writing. The student then moves on to the written correspondence and documents involved in the establishment of a business firm and its subsequent development. This sequential process includes the organization of a company structure, the acquisition of capital through banking and accounting processes, capital investment (real estate), office organization and systems, personnel management, the production of goods and services, marketing, financial management, setting up an international operation, import-export, and a futuristic outlook for a year-end report. Although the business context in the workbook necessarily focuses on secretarial and staff roles rather than on the operations performed by management, successful managers must be familiar with many of these functions since they are the ones ultimately responsible for overseeing the quality of the written communications issuing from within their various departments or offices.

## Instructional Organization of the Workbook

**Exito Comercial: Cuaderno de correspondencia y documentos comerciales** is divided into a preliminary chapter and thirteen regular chapters, three appendixes, and two vocabulary sections—Spanish to English and English to Spanish. In this edition of the workbook, the following additions have been made: (1) numerous changes to letters and complete rewrites of some letters; (2) fax communications; (3) electronic mail (e-mail) letters; (4) the curriculum vitae; (5) exercises that require students to work with numbers in Spanish; (6) an expanded section of abbreviations (siglas), and (7) additional bibliographical entries for use in correspondence.

The preliminary chapter introduces the importance of the business letter, its internal structure, and the different styles used. The thirteen regular chapters subsequently follow a common format. The **Preguntas de orientación,** the **Breve vocabulario útil**, and the **Lectura** are all linked together to provide an introduction to the types of business correspondence and documents presented in each chapter. By prereading the questions and becoming familiar with the vocabulary provided, students are better able to follow the reading which follows. The section **¿Qué sabe Ud. de las cartas de...** provides space for students to answer the **Preguntas de orientación** which they saw before the reading.

Subsequently, model letters in Spanish provide **samples** of the kinds of correspondence appropriate to the chapter and are followed by exercises which reinforce the vocabulary and expressions found in the models. In one exercise, a **Carta modelo** in English provides an opportunity for students to translate a letter into Spanish. This exercise requires students to be precise yet flexible in their consideration of language, since there is seldom a single correct way—a single form—through which to express the meaning of phrases or sentences. Another activity which provides a model rough draft, **Borrador de carta modelo...,** allows students to make final corrections before a letter is to be mailed. This is a realistic activity for managers whose names go on the letters, memos, and documents issuing from their various departments, and it gives a professional quality to the activities. Following this activity, students are asked in an exercise entitled **Redacción de una carta** to draft an original letter in Spanish based on given situations.

Near the end of the chapters are a number of **non-negotiable sample documents** which are modeled before students are asked to complete such sample documents according to a simulated situation. There are also exercises, titled **Problema numérico-comercial**, which require problem-solving with numbers. The culmination of each chapter is a personalized business report, entitled **Informe personal,** about the activities of one of the following: l) a hypothetical company created by each individual student, 2) a hypothetical company created by a student and a classmate, 3) a hypothetical company based on the efforts of a small group (three or four students), or 4) an actual company which has been researched.

## Acknowledgments

The authors gratefully acknowledge the following individuals for their assistance in the preparation of this workbook: Profs. Wilhelmus Paulus Burgers and Jane Cromartie (Marketing Department, University of New Orleans); Prof. Francisco A. Colina (Escuela de Negocios, Universidad de Costa Rica); José Antonio and David Matute (Barcelona); José María Pareja of the Mutua de Seguros Generales FIATC (Barcelona); Sally Janeczek and Wendy Wood (Eastern Michigan University); Prof. John Logan (College of Business Administration, University of South Carolina); Prof. Graciela Tissera (Department of Spanish, Italian and Portuguese, University of South Carolina); Lucía Seminario of Pucky Pey (Piura, Peru); José Antonio Briz (Guayaquil, Ecuador); David Smith Soto of the Banco Interamericano de Desarrollo (Washington, D.C.); Guillermo Visscher of Visscher and Associates (Santiago, Chile); and Bibi Wray of La Bobina Publishers (Columbia, South Carolina); Suzanna T. Vasquez (University of North Carolina at Charlotte); students of the FDIB summer workshops for Faculty Development in International Business and the Master's in International Business (MIBS); undergraduate business Spanish students at the University of South Carolina, Eastern Michigan University, San Diego State University, and the University of North Carolina, Charlotte. Special thanks go to a colleague and friend, posthumously, Dr. Bernardo Pérez (Universidad EAFIT [Escuela de Administración y Finanzas e Instituto Tecnológico], Medellín, Colombia).

## Permissions

We wish to thank the following individuals and institutions for their permission to use the letters and documents reproduced or adapted in this book.

Banco Interamericano de Desarrollo (Inter-American Development Bank), David Smith Soto: Presidential Letter of Transmittal and Index to Annual Report.

Wilhelmus Paulus Burgers, University of New Orleans: Marketing survey on restaurants.

Mutua de FIATC Seguros Generales, José María Pareja Gabarró: Insurance advertisements, letters, and forms.

Nombre _____  Clase _____  Fecha _____

# Introducción a la carta comercial

## CAPÍTULO PRELIMINAR

### PREGUNTAS DE ORIENTACION

**Al hacer la lectura, piense Ud. en las respuestas a las siguientes preguntas.**

- ¿Para qué sirve la correspondencia en el mundo de los negocios?
- ¿Cuál es la diferencia entre la preparación de una carta comercial y la de un documento?
- ¿En qué sentido puede ser la carta un documento oficial?
- ¿Cuáles son algunas de las comunicaciones escritas más comunes?
- ¿Cuáles de las comunicaciones mencionadas en este capítulo ha utilizado o ha recibido Ud.?
- ¿Cuáles son las cuatro características necesarias para la redacción de una carta comercial?
- ¿Cómo se define una carta clara? ¿concisa? ¿cortés? ¿correcta? ¿profesional?
- ¿Cuáles son las partes de una carta comercial y qué función tienen?

### BREVE VOCABULARIO UTIL

**carta circular**  *circular, form letter*
**correo electrónico**  *email, e-mail*
**del actual (año)**  *the current year, this year*
**destinatario**  *adressee*
**esquema (m)**  *outline*
**fuerza mayor**  *Act of God (insurance term)*
**he recibido su atenta (carta)**  *I have received your letter*
**hacer investigaciones**  *to research*
**memorándum, memorando (m)**  *memo*
**oficial (m/f)**  *governmental official*
**recado**  *note, message*
**remitente (m/f)**  *sender*
**sangrado**  *indented*
**sangría**  *indentation*
**tener prueba de**  *to have proof*

Nombre_____ Clase_____ Fecha_____

## LECTURA

### La importancia de la carta comercial

Las transacciones que se realizan en el mundo de los negocios actual se archivan por medio de la correspondencia, o sea las comunicaciones escritas en forma de cartas individuales u otros documentos. Estos son testimonios o títulos permanentes que dan prueba de las transacciones. En muchos casos, los documentos son formularios impresos en los cuales se adjuntan los detalles específicos de cada transacción. Además de las comunicaciones por medio de cartas o documentos, las más frecuentes son el memorándum, el recado y las circulares. Si el mensaje es urgente, se utilizan el fax y el correo electrónico. En cualquier caso, es sumamente importante que las empresas archiven las comunicaciones escritas para tener prueba de las operaciones comerciales y para poder hacer investigaciones sobre las decisiones tomadas. Esto facilita posibles operaciones comerciales futuras. La estructura básica de toda la correspondencia es casi igual, aunque hay diferencias de estilo, tono y forma según el tipo de carta y su propósito.

**La redacción de una carta**

En la redacción de la correspondencia comercial, la carta tiene que ser clara, concisa, cortés, correcta y profesional.

- **Clara**: el remitente no confunde al lector ni permite dudas.
- **Concisa**: la lectura no le cuesta mucho tiempo al destinatario a causa de su brevedad, los modismos sencillos usados y un número limitado de temas que se tratan.
- **Cortés**: el tono es amable y nunca ofensivo aún en el caso de una communicación negativa (mala noticia).
- **Correcta**: no hay faltas de gramática, puntuación o silabeo y el vocabulario es preciso.
- **Profesional**: los asuntos comerciales se comunican de modo preciso en un tono serio, natural y apropiado para las relaciones entre el remitente y el destinatario. Se evita la afectación y cualquier aspecto social que pueda perjudicar el tratamiento profesional.

Nombre_____  Clase_____  Fecha_____

## CARTA MODELO PL-I. LA CARTA COMERCIAL

Lea la siguiente carta y las descripciones y haga los ejercicios a continuación.

| | |
|---|---|
| Escuela Universal<br>Calle 19<br>Miami, FL 40467<br>305-555-9393 | **MEMBRETE** |
| 10 de abril de 199__ | **FECHA** |
| Muebles Modernos, S.A.<br>Calle Transversal 342<br>Santo Domingo, La República Dominicana | **DESTINATARIO** |
| Atención: Carlos Robles Blanco | **LINEA DE ATENCION** |
| REF: Factura # 37896 | **REFERENCIA** |
| Estimado Sr. Robles: | **SALUDO** |
| He recibido su atenta del 5 de marzo en la cual me informa de la demora del envío de los escritorios pedidos en febrero del actual. Comprendo las dificultades que puedan ocurrir debido a fuerzas mayores como un huracán. Sin embargo, remito con ésta los documentos requeridos sobre el transporte de los muebles mencionados. Espero la llegada de las mercancías lo más antes posible. | **TEXTO** |
| Muy atentamente, | **DESPEDIDA** |
| ESCUELA UNIVERSAL | **ANTEFIRMA** |
| *Rafael Solares Gómez*<br>Rafael Solares Gómez<br>Rector | **FIRMA** |
| RSG/tlc | **INICIALES** |
| Anexo: Carta de pedido<br>Factura # 37896 | **ANEXOS** |

Nombre_____  Clase_____  Fecha_____

**Las partes de una carta comercial**

1. **Membrete**. Las empresas comerciales utilizan hojas de papel de buena calidad. En la parte superior de la hoja se imprimen el nombre y la dirección de la empresa, el número de teléfono, de fax y de correo electrónico (si existen), un símbolo que representa el negocio (logo, marca de fábrica, etc.) y, a veces, el nombre y apellido del dueño y su cargo. Generalmente se incluye la ciudad y el país de la empresa de modo que éstos no se repiten en la fecha a continuación si se manda la carta dentro de la misma ciudad. En la correspondencia internacional, además de los números de teléfono, fax o correo electrónico, se incluyen los números internacionales del país y del estado o del departamento donde se ubican.

**LANGON DISTRIBUIDOR**
Avenida Plan de Ayala 2341
Tres Cumbres, Morelos
México
Tel. 15-27-90, Fax 001-15-27-91

2. **Fecha**. Es importante indicar el día, el mes y la fecha de cada comunicación escrita. Esta parte se escribe dos líneas debajo del membrete y su posición puede variar: o a la izquierda, en el centro o a la derecha. Nótese tambíen que, a diferencia del inglés, se pone primero el día y luego el mes:

23 de julio de 199__
22 marzo 199__

3. **Destinatario**. Este se incluye dos líneas después de la fecha, con variantes de la siguiente información: el nombre de la persona a la cual se dirige la carta, su título o cargo, el nombre de la empresa y los demás detalles de la dirección del destinatario (calle o apartado postal seguido por la ciudad, país y la zona postal). Se pone al margen izquierdo del papel.

**Sr. Ricardo Robles García
Director de Ventas
Muebles Modernos, S.A.
Calle Transversal 342
Santo Domingo, La República Dominicana**

4. **Línea de atención**. Frecuentemente la carta enfatiza que se dirige a un destinatario específico para facilitar que esta persona se encargue directamente del asunto. <u>Es opcional</u>, pero si se incluye, se pone al margen izquierdo dos espacios debajo de la dirección del destinatario. (Nota: A ser posible, siempre es mejor dirigir una carta a una persona específica en lugar de a un departamento.)

**Atención:  Sra. Maria Luisa del Valle
                Directora**

5. **Referencia**. Es otra parte <u>opcional</u> en la cual se destaca el asunto principal de la carta al hacer referencia a una carta previa o a un documento. Se pone hacia el margen derecho después de las señas del destinatario o después de la línea de atención.

**REF: Factura No. 37896
Ref: Pedido del 3 de septiembre de 199__
Referencia: Su carta del 15 de marzo de 199__**

Nombre_____ Clase_____ Fecha_____

6. **Saludo.** Esta parte se encuentra al margen izquierdo a dos espacios de la parte previa. Las siguientes posibilidades se pueden escoger según las circunstancias de la relación entre el remitente y el destinatario. Note que la primera letra de la abreviatura de un título se pone en mayúscula (Sr.) mientras que no se pone en mayúscula cuando se escribe toda la palabra (señor).

   **Estimado Sr. Trujillo:**
   **Estimada señora Rodríguez:**
   **Apreciable señorita López:**
   **Muy señor(es) mío(s):**
   **Distinguido amigo nuestro:**
   **Señor(es):**

7. **Texto:** A continuación sigue el texto o el cuerpo de la carta. Esta parte generalmente se inicia con una frase hecha según la necesidad o el propósito de la carta.

   | | |
   |---|---|
   | En contestación a su atenta carta de... | In response to your kind letter of... |
   | El propósito de ésta es... | The purpose of this letter is... |
   | Tengo el gusto de comunicarles que... | It is my pleasure to inform you that... |
   | Aceptamos con mucho gusto las estipulaciones... | We gladly accept the stipulations... |
   | Acusamos recibo de su atenta del... | We acknowledge receipt of your letter of... |
   | En relación con su misiva del... | In reference to your letter of... |
   | Les informamos que... | We inform you that... |
   | Mucho siento informarle que... | We regret to inform you that... |
   | Acabamos de recibir su solicitud de... | We have just received your request for... |

   Luego viene el texto que consiste en varios párrafos (sólo los que hagan falta) dirigidos hacia el tema a tratarse.

8. **Despedida.** Todas las cartas comerciales terminan con una breve despedida cortés. La despedida guarda relación con el saludo y generalmente es un modismo. A veces, se incorpora como la parte final del texto. Si no es así, está separada del último párrafo y se incluye más bien como parte de la antefirma y la firma.

   Atentamente,
   Muy atentamente,       } Sincerely,
   Le(s) saluda atentamente,
   Aprovechamos esta ocasión para...
   Cordialmente,
   En espera de sus noticias, quedo/quedamos atentamente,
   Le(s) expreso anticipadamente mis gracias por...
   Su(s) seguro/a(s) servidor/a(es/as),
   Sin otro particular,

Nombre_____ Clase_____ Fecha_____

9. **Antefirma**. Representa la razón social (el nombre de la empresa), escrita en mayúsculas y a veces se pone a continuación de la despedida.

   **ESCUELA UNIVERSAL**
   **COCINAS EUROSTYLE**
   **DECORCASA**
   **ABASTECEDORES RAMIREZ, S.A.**

10. **Firma**. Esta parte es manuscrita por el remitente debajo de la antefirma (si se incluye la antefirma) y viene dos o tres espacios antes del nombre completo del remitente y su cargo.

    *Pablo Iglesias Montero*
    **Pablo Iglesias Montero**
    **Gerente General**

11. **Iniciales**. Las letras iniciales en mayúscula representan las del remitente (la persona que firma la carta). Las letras a continuación de la vírgula son las del mecanógrafo. Se ponen al margen izquierdo. El siguiente ejemplo indica que Rafael Solares Gómez dictó y firmó la carta redactada (por computadora o a máquina) por su secretaria, Teresa Lanes Cortez.

    **RSG/tlc**

12. **Anexos**. Hacia el margen izquierdo y dos líneas después de la firma se indica cada documento con su número de archivo que se adjunta a la carta.

    **Anexo: 2 catálogos**
    **Adjunto: Factura No. 4551**

13. **Frase carbón copia**. Otra vez al margen izquierdo, se indican en minúsculas o mayúsculas las entidades o personas que van a recibir una copia de la correspondencia.

    **c.c. Junta Municipal**
    **c.c. Dr. Juan Lagos**
    **C.C. Srta. María Perales, Directora**

14. **Posdata**. De vez en cuando, si ha habido alguna omisión o algún acontecimiento de último momento, se agrega el mensaje debajo de la posdata y al margen izquierdo. En la mayoría de los casos, se recomienda no utilizar una posdata si se trata de un asunto formal, pues indica cierto descuido y olvido por parte del remitente, especialmente con el uso hoy en día de las computadoras para facilitar los cambios.

    **P.D. Acabo de recibir su pago en el correo.**
    **P.D. Se me olvidó indicar el precio total de $3.800**
    **P.S. Saludos a Enrique y a Marta**

**SOBRES**. En los sobres de las cartas comerciales, hay que incluir dos partes:
- el nombre y la dirección del remitente en la parte izquierda superior
- el nombre y la dirección del destinatario hacia el centro del sobre

Nombre_____ Clase_____ Fecha_____

A menudo se incluyen términos especiales para ayudar en el envío de la carta:

        **CORREO AEREO**
        **A REEXPEDIR**
        **MUESTRAS SIN VALOR**
        **ENTREGA INMEDIATA**
        **CORREO CERTIFICADO**

```
USCAN, Inc.
1255 Main Street
Blaine, CA  40352



                         Director de Desarrollo
                         Empresas Farmacéuticas, S.A.
                         Apartado Aéreo 3322
                         Caracas, Venezuela
                         South America
```

<u>Nota sobre los números</u>: En los siguientes países hispanos–Argentina, Bolivia, Chile, Colombia, Costa Rica, Cuba, Ecuador, España, Guinea Ecuatorial, Paraguay, Uruguay y Venezuela–el punto y la coma se invierten con respecto al uso en EE. UU. Es decir, el número 6,500.50 de EE. UU. se expresa como 6.500,50 en estos países. Los demás países hispanos usan el mismo sistema que en los EE. UU.

Nombre_____ Clase_____ Fecha_____

**¿QUE SABE UD. DE LAS CARTAS COMERCIALES?** Vuelva a las preguntas de orientación que se hicieron al principio del capítulo y ahora contéstelas en oraciones completas en español.

1. _____
   _____
   _____
   _____

2. _____
   _____
   _____
   _____

3. _____
   _____
   _____
   _____

4. _____
   _____
   _____
   _____

5. _____
   _____
   _____
   _____

6. _____
   _____
   _____
   _____

Nombre_____ Clase_____ Fecha_____

7. _____

_____

_____

_____

_____

8. _____

_____

_____

_____

_____

_____

_____

Nombre_____ Clase_____ Fecha_____

**Estilos de mecanografía**

Las cartas comerciales suelen escribirse a máquina o con computadora o procesador de textos. Los distintos estilos más comunes son: (l) **bloque, (2) semibloque** y (3) **bloque extremo.** Con esto se indica la posibilidad que existe de comenzar una parte o sección de la carta en cualquiera de cuatro lugares horizontales: (l) al márgen izquierdo, (2) con una sangría normalmente a cinco espacios del márgen izquierdo, (3) en el centro o (4) hacia el márgen derecho. A continuación se ofrece un esquema visual de las posibilidades.

| PARTE | MARGEN IZQUIERDO | SANGRADO | CENTRO | MARGEN DERECHO |
|---|---|---|---|---|
| 1. membrete | | | todos | |
| 2. fecha | bloque extremo | | semibloque | bloque |
| 3. destinatario | todos | | | |
| 4. línea de atención | todos | | | |
| 5. referencia | | | | todos |
| 6. saludo | todos | | | |
| 7. texto | bloque extremo bloque | semibloque (línea sangrada al principio de cada párrafo) | | |
| 8. despedida | todos | | | |
| 9. antefirma 10. y firma | bloque extremo | | semibloque | bloque |
| 11. iniciales 12. anexos 13. c.c. 14. P.D. | todos | | | |

Obsérvese los ejemplos de los tres estilos en los siguientes ejercicios.

Nombre_____  Clase_____  Fecha_____

**EJERCICIOS**

1. En los bloques a continuación, escriba el nombre de cada parte de la carta comercial. El estilo de esta carta es bloque.

1) _____

2) _____

3) _____

4) _____

5) _____

6) _____

7) _____

7) _____

8) _____

9) _____

10) _____

11) _____

12) _____

13) _____

14) _____

Nombre_____ Clase_____ Fecha_____

2. Vuelva a escribir los nombres de las partes de la carta. Este es el estilo semibloque.

1)
2)
3)
4)
5)
6)
7)
7)
8)
9)
10)
11)
12)
13)
14)

Nombre_____  Clase_____  Fecha_____

**CARTA MODELO PL-2. EL ESTILO BLOQUE EXTREMO**

---

**T.E.D.**
**TABLAS DE ESTADISTICAS DEMOGRAFICAS**
Calle Central 974
Bogotá, Colombia
Teléfono: 347-6987 / Fax: 347-6988

30 de junio de 199__

Director de Investigaciones
Ministerio de Salud
Calle Bolívar 548
Bogotá.

Estimado señor:

Tengo el gusto de adjuntarle el más reciente catálogo de nuestra fima, el cual le había mencionado durante su visita a nuestro edificio el 15 del actual. Espero que le sirva en su nueva sucursal. Si le puedo ayudar en algo más, haga el favor de llamarme al número indicado arriba.

Su atento servidor,

TABLAS DE ESTADISTICAS DEMOGRAFICAS


Juan Portales
Director de Marketing

JPV/epe

Anexo: un catálogo

c.c. Director, Departamento Internacional

---

**EJERCICIOS**

1. Traduzca al inglés el saludo, el texto y la despedida de la carta modelo PL-2.

_____

_____

_____

Nombre_____ Clase_____ Fecha_____

_____
_____
_____
_____
_____
_____
_____
_____
_____
_____
_____
_____
_____
_____
_____
_____
_____

2. ¿Qué clase de empresas comerciales o firmas de producción le interesan a Ud.? Piense Ud. en el establecimiento de su propia empresa individual o en colaboración con otro/a(s) colega(s), es decir, un/a(os/s) compañero/a(s) de clase. Ud(s). deben considerar lo siguiente:

- sus intereses
- sus experiencias
- sus contactos con personas de negocios o entidades comerciales, o sea, sus fuentes de información
- la información disponible en una biblioteca cerca de Ud(s).
- el contexto geográfico que le(s) interesa más a Ud(s).
- el contexto cultural que Ud.(s) conoce(n) o que Ud.(s) quiere(n) conocer más.

Luego, conteste(n) Ud(s). las siguientes preguntas:

¿Cómo se llama su empresa? _____

_____
_____

Nombre_____ Clase_____ Fecha_____

¿Qué dirección tiene?_____

_____

_____

¿El número de teléfono, de fax y correo electrónico?_____

_____

¿Cuáles son los objetivos y las funciones de su empresa?_____

_____

_____

_____

_____

3. Diseñe un membrete individualizado para su empresa. Si tiene un procesador de palabras y el software apropiado, debe preparar su propio papel comercial con un membrete y los sobres que reflejen los datos apropiados (los del membrete, por ejemplo). El papel con su membrete se puede utilizar para hacer otros ejercicios en este manual.

4. Escriba una carta al/a la Director/a de Marketing de la empresa MARKEMUNDO pidiéndole algunas estadísticas demográficas de América del Sur, América Central, el Caribe y Africa. Explíquele que Ud. quiere saber más sobre el país africano, Guinea Ecuatorial, porque allí el idioma oficial es el español. Complete todas las partes necesarias para una carta comercial. El nombre y apellido de su mecanógrafa es María Elena Verdugo. Mande una copia a su asistente de Investigaciones Demográficas, Jaime Villalobos.

Nombre _____ Clase _____ Fecha _____

**Problema numérico-comercial PL-1.***

Busque en una fuente informativa, tal como el *Almanaque Mundial* de este año o en la red informativa (*internet*) el producto nacional bruto (PNB) en dólares así como las poblaciones de los siguientes países:

| PAIS | PNB** | POBLACION | INGRESO POR HABITANTE |
|---|---|---|---|
| Argentina | | | |
| España | | | |
| Guatemala | | | |
| México | | | |
| Venezuela | | | |
| Estados Unidos | | | |

Haga los siguientes ejercicios:

(1) Calcule el promedio de ingresos por habitante de cada país.

(2) Compare las estadísticas de los países. ¿Qué realidades indican respecto a sus situaciones económicas?

* En este manual los números indicados en cifras se presentan conforme a las reglas usadas en los distintos países hispanos. Es decir, como se ha comentado ya en la nota de la página siete, las reglas varían de país en país. Como se explica en el Apéndice 3 del texto *Exito comercial: Prácticas administrativas y contextos culturales,* el número <<mil>> se indica con punto (1.000) en los siguientes países: Argentina, Bolivia, Chile, Colombia, Costa Rica, Cuba, Ecuador, España, Guinea Ecuatorial, Paraguay, Uruguay y Venezuela. Se indica con coma (1,000) en El Salvador, Estados Unidos, Guatemala, Honduras, México, Nicaragua, Panamá, Perú, Puerto Rico y la República Dominicana. En general, en América del Norte, Centroamérica y el Caribe, con excepcion de Costa Rica y Cuba, se usa la coma para indicar miles (10,000) y se usa el punto para indicar decimales (10,000.75). En España y en América del Sur, con excepción de Perú, se hace en orden inverso: el punto indica miles (10.000) y la coma indica decimales (10.000,75).

Por lo general, en el presente manual se ha seguido el sistema numérico del país indicado (país y cultura del remitente) en los ejemplos de cartas comerciales en cada capítulo.

** El PNB se indica en miles de dólares y la población en millones de habitantes: ej. PNB de $77.000 = 77 millones de dólares y 6.544 de habitantes = 6 millones quinientas cuarenta y cuatro mil habitantes. Así que, no hay que escribir todas las cifras.

Nombre _____ Clase _____ Fecha _____

# La empresa

**CAPITULO 1**

---

### PREGUNTAS DE ORIENTACION

**Al hacer la lectura, piense Ud. en las respuestas a las siguientes preguntas.**

- ¿Cómo se constituye una empresa individual? ¿una sociedad?
- ¿Qué es una carta circular y con qué fines se redacta?
- ¿Qué es una carta circular de apertura? ¿de clausura? ¿de transformación?

---

## BREVE VOCABULARIO UTIL

**acción**  *stock, share*
**apoderado**  *agent, representative*
**carta**  *letter*
 **___circular**  *form letter, circular letter*
 **___de apertura**  *circular announcing the opening of a company*
 **___de clausura**  *circular announcing the closing of a company*
 **___de transformación**  *circular announcing a change in the company's legal status*
**código mercantil o de comercio**  *Business Code*
**empresa**  *company, firm, enterprise*
 **___individual**  *sole proprietorship*
 **___social**  *company (of more than one person)*
**escritura de una sociedad**  *articles of incorporation*
**razón social**  *company name*
**registro**  *registry*
 **___estatal o federal de contribuyentes**  *National Tax Registry*
 **___público de comercio**  *Public Business Registry*
**sociedad**  *company, firm*
 **___anónima (S.A.)**  *corporation (Inc.)*
 **___de responsabilidad limitada (S.R.L.)**  *limited liability company (Ltd.)*
 **___en comandita o comanditaria (S. en C.)**  *silent partnership*
 **___en nombre colectivo (S. en N.C.)**  *partnership*
**socio**  *associate, partner, owner*
**sufragar**  *to defray or help cover costs*
**teneduría de libros**  *bookkeeping*

Nombre_____ Clase_____ Fecha_____

## LECTURA

### Constitución de la empresa y la carta circular

Por lo general, para poner en marcha un negocio, se suele constituir una empresa individual o social según las necesidades, capital y objetivos del individuo o de los socios o gerentes. Esta constitución mercantil o industrial puede ser simple o compleja conforme al tipo de empresa que se quiere organizar. Con respecto a la empresa individual, es relativamente simple: consiste en la inscripción en el registro federal o estatal de contribuyentes y en la teneduría de los libros de contabilidad. En cuanto a la sociedad, la constitución es algo más compleja. Puede comprender, además de los trámites anteriores, la incorporación jurídica según el código de comercio, la inscripción en el registro público de comercio y la teneduría tanto de los libros de contabilidad como de los de actas y de acciones. Puede haber también otros trámites de constitución. Sea lo que sean las formas o métodos de constitución, una vez establecida la empresa, los gerentes tienen que anunciar su apertura. Suelen hacerlo mediante la carta circular.

**La carta circular**

La carta circular es la que se dirige a muchos destinarios o clientes y trata de varios asuntos sin cambiar el texto. Suele ir impresa y, a veces, para hacerla más personal, lleva el nombre y la dirección del destinatario. En el mundo de los negocios se redacta, en general, para:

- Anunciar la apertura, transformación jurídica, clausura o liquidación de un negocio.

- Avisar los cambios de domicilio, teléfono, fax o correo electrónico.

- Comunicar el nombramiento de apoderados, gerentes o supervisores, o anunciar las visitas oficiales, las reuniones o exposiciones y otros asuntos por el estilo.

- Anunciar una compra, venta u otra transacción mercantil, financiera o industrial.

Con respecto a las cartas circulares de apertura, transformación (cambio de forma jurídica o razón social) o clausura, deben llevar el nombre y la firma de la persona que las ha redactado así como su título.

**¿QUE SABE UD. DE LAS CARTAS CIRCULARES?** Vuelva a las preguntas de orientación que se hicieron al principio del capítulo y ahora contéstelas en oraciones completas en español.

1. _____
_____
_____

2. _____
_____

Nombre_____ Clase_____ Fecha_____

3. _____
_____
_____

**CARTA MODELO 1-1. CARTA CIRCULAR DE APERTURA**

Lea la siguiente carta y haga los ejercicios a continuación.

---

**PRODUCTOS VINICOLAS, S. A.**
Calle Principal 245
Jérez de la Frontera, España
Tel 669 70 81     Fax 669 54 32

10 de septiembre de 199__

Mr. Robert Thompson
Purchasing Manager
Wines, Inc.
1000 7th Street
Sacramento, California  95814

Estimado señor Thompson:

Nos complace notificarle que hemos organizado, ante el Notario Público, el Sr. Rafael Cava, en Escritura Pública 12.384, el quince de agosto del año en curso, la Sociedad Anónima, PRODUCTOS VINICOLAS, para la exportación y venta de los mejores vinos de España. Nuestras señas, teléfono y fax se indican en el encabezamiento de esta circular.

Para poner en marcha nuestra empresa, disponemos de un capital de 50 millones de pesetas y de una de las operaciones de producción más modernas. También los accionistas de esta empresa han elegido al asociado, Juan Belmonte, para dirigir y representarla.

Dada la larga experiencia gerencial de nuestro socio y presidente, el Sr. Valdepeñas, además de un personal experto en asuntos vinícolas, estamos seguros de poder atenderle con suma eficacia. Por lo tanto, le enviamos adjunto a ésta nuestro catálogo y lista de precios. Nos sería grato recibir sus próximos pedidos. Quedamos de Ud.

Muy cordialmente,
PRODUCTOS VINICOLAS, S. A.


Jaime Valdepeñas
Gerente General

Anexos: catálogos y lista de precios

JV/rf

Nombre_____ Clase_____ Fecha_____

**EJERCICIO**

1. Dé un sinónimo de las siguientes palabras o frases, usando las que están subrayadas en la carta y otras que Ud. conozca.

   a. la presente _a ésta_
   b. sociedad _empresa_
   c. dirección _señas_
   d. atentamente _cordialmente_
   e. Tenemos el gusto de _nos complace_
   f. membrete _encabezamiento_
   g. nos agradaría _nos sería grato_
   h. socio _asosidado_

2. Vuelva a escribir de la carta modelo 1-1, reemplazando las palabras subrayadas en la carta con las del ejercicio anterior. Haga todos los demás cambios que resulten necesarios.

   _____
   _____
   _____
   _____
   _____
   _____
   _____
   _____
   _____
   _____
   _____
   _____
   _____
   _____
   _____
   _____

Nombre_____ Clase_____ Fecha_____

**CARTA MODELO 1-2. CARTA CIRCULAR DE TRANFORMACION**

---

                              **CASTELLS Y ROIG, S.R.L.**
                              Avenida de las Viñas, 45
                                01876 Sevilla, España
                            Tel. 222 24 81     Fax 222 48 60

                                                              15 de octubre de 199__

WINES, Inc.
1000 7th Street
Sacramento, California 95814

Muy señores nuestros:

Tenemos el gusto de informarles que la Sociedad Anónima

                            PUIG Y ROIG, S.A.
                            Avenida Serrano, 35
                            02196 Barcelona, España

se ha transformado de aquí en adelante en

                            CASTELLS Y ROIG, S.R.L.

Sírvanse apuntar este cambio jurídico así como la nueva dirección y los nuevos números de teléfono y de fax indicados en el membrete de la presente.

Esperamos que continúen su relación comercial con nosotros según los acuerdos de compraventa firmados hasta la fecha y que nos sigan favoreciendo con su apoyo y confianza.

Sin otro particular, quedo a sus órdenes,

CASTELLS Y ROIG


Francisco Almodóver
Gerente General

FA/eg

Nombre_____ Clase_____ Fecha_____

**EJERCICIO**

Traduzca al inglés las siguientes partes de la carta modelo 1-2: saludo, texto, despedida.

_____ :

_____
_____
_____
_____
_____
_____
_____
_____
_____
_____
_____
_____
_____
_____
_____
_____
_____

_____ ,

Nombre _____  Clase _____  Fecha _____

**CARTA MODELO 1-3. CARTA CIRCULAR DE CLAUSURA Y LIQUIDACION**

---

**FARM EQUIPMENT, Inc.**
185 Jefferson
St. Louis, Missouri 63155
Tel. (314) 825-6907    Fax (314) 825-5841

March 20, 199__

Mr. Rafael Maquinaria
Avda. Vicente Blasco Ibáñez, No. 106
03612 Valencia, España

Dear Mr. Maquinaria:

We regret to inform you that on June 20th of this year, in St. Louis, Missouri, due to extreme financial difficulties, the stockholders of Farm Equipment, Inc., voted to dissolve the company and all its assets.

We further wish to notify you that the stockholders have charged Mr. Peter Simon, Certified Public Accountant, of Jones & Johnson Associates, Inc., with the settling of all company accounts and with any financial inquiries you may have. His address, telephone, and fax numbers are given below.

We are sending this notice in compliance with the rules and regulations set forth in Article 5, Section 4 of the existing Missouri Commercial Code, and the notice will be published in the appropriate business sections of the St. Louis Post-Dispatch and the New York Times.

We wish to express our thanks for the trust and loyalty you have placed in us over the past decade and wish you well in your business. We remain,

Sincerely yours,


Steven Vinick
Advisor

Peter Simon, CPA
JONES & JOHNSON ASSOCIATES, INC.
162 Washington Street
St. Louis, MO  56439
Tel. (414) 477-3200, Fax (414) 556-1987

Nombre_____ Clase_____ Fecha_____

**EJERCICIOS**

Traduzca al español las siguientes partes de la carta 1-3: saludo, texto, despedida.

_____ :

_____
_____
_____
_____
_____
_____
_____
_____
_____
_____
_____
_____
_____
_____
_____
_____
_____
_____
_____
_____
_____

_____ ,

Nombre _____  Clase _____  Fecha _____

## BORRADOR DE CARTA MODELO 1-4.  CARTA CIRCULAR DE APERTURA

¡Ojo! La siguiente carta tiene errores de tipo gramatical u ortográfico. Usted, como gerente, es la persona que firma la carta y por eso es necesario comprobar que no haya ningún error. Lea la carta cuidadosamente y después haga las correciones directamente en el texto de la carta abajo, de modo que la versión final se pueda enviar libre de errores al destinatario.

**TALLERES GRAFICO, S.R.L.**
Gran Vía 350, No. 3
28014 Madrid, España
Tel. 447 37 11    Telex 1678 TGR (E)

23 de septiembre de 199_

ELLISTON BOOKS
1164 Grant Avenue
Buffalo, New York  10474  (USA)

Distinguidos señores:

Tenemos el agrado de dirigirse a Uds. con el fin de comunicarles que, a partir de esta fecha, se ha procediendo a la apertura y comienzo de actividades de nuestra empresa, TALLERES GRAFICO, S.R.L.

Nuestro taller tiene una de las sistemas de impresión y de encuadernación más modernas y rápidas de España así como un afán de imprimir libros de alta calidad. También nuestro personal es listo y dispuesto a suministrar cualquiera deseo y necesidad suyos relacionados a la impresión y comercialización de libros.

Lo remitimos un catálogo con la lista de precios de nuestros servicios y esperamos poder atenderle en un futuro próximo.

Quedamos de uds. muy atentamente,

TALLERES GRAFICO, S.R.L.


Luis Valle Acosta
Gerente General

Anexos: catálogo y lista de precios
LV/fg

Nombre_____  Clase_____  Fecha_____

**REDACCION DE UNA CARTA**

Redacte una carta comercial en español según uno de los siguientes supuestos.

1. The pharmaceutical company, PHARM, Inc. (100 Main Street, Hartford, Connecticut 06112, tel. [203] 978-5000, fax [203] 978-5058), for whom you are working as an assistant manager of public relations, has just set up a branch office in Miami as part of its efforts to expand operations in Florida. You have been assigned the task of writing a form letter informing all the pharmacies that serve the Spanish-speaking community of the opening of the new branch. As an example, write the letter to Farmacia Fernández (1453 8th Street, Miami, Florida 33605), and mention the following attachments:

   - A list of new drugs to treat heart and liver diseases

   - A company catalog and price list of all the pharmaceutical products

2. The shipping company, WORLDWIDE FREIGHT, Ltd. (86 Canal Street, New York, New York 10007, tel. [212] 856-6400, fax [212] 856-6445), for whom you are working in public relations, has fallen on hard times and been forced to close down. You have been asked to inform all the company's Spanish-speaking clients of this situation. Write an appropriate letter, making it clear that the decision to liquidate was done for financial reasons by the owners. Also, indicate that Mr. Peter Michael, CPA, has been entrusted with the liquidation of the company and the settling of all its accounts. As an example of the personalized form letter, address the letter to Mr. Jaume Ballester, General Manager of PUIG Y ROIG, S. A. (Avda. Serrano 35, Barcelona, Spain).

Nombre_____ Clase_____ Fecha_____

**DOCUMENTO MODELO 1-1. ESCRITURA DE UNA SOCIEDAD MERCANTIL**

La constitución de una sociedad, como queda dicho, requiere que se reúnan los socios o accionistas con un abogado para discutir y redactar los estatutos que la regirán. Se nombra o elige a los gerentes y se organiza la empresa, certificando el acto de constitución de la sociedad al inscribirla en el registro público de comercio.

## Escritura de una sociedad mercantil

En la ciudad de Valencia, distrito 2, autonomía de Valencia, Reino de España, ante mí, José Escobar, notario público de esta ciudad, identificado en la Cédula ciudadano No. 24322 de Valencia, comparecieron don Pedro Rodríguez, viudo, mercader, domiciliado en la Calle Don Juan de Austria 28; doña Felipa Gómez, casada, contable, domiciliada en la Calle San Vicente Mártir 36; y don Miguel Altea, soltero, financiero y domiciliado en la Calle Doctor Lluch 201; todos de esta ciudad, mayores de edad, responsables para declarar que, a mi juicio, han convenido en constituir, por medio del presente documento, una sociedad en comandita que se regirá conforme a las siguientes condiciones:

**Art. I**. Serán los socios de esta sociedad: don Pedro Rodríguez, socio mercader capitalista; doña Felipa Gómez, socio financiero; y don Miguel Altea, socio comanditario.

**Art. II**. Dicha sociedad comanditaria girará bajo la razón social de Felipa Gómez Asociados y tendrá la sigla Felipa Gómez Asociados, S. en C. Se domiciliará en la Calle de Xátiva, 24, 2º2ª.

**Art. III**. La sociedad tendrá un capital de seis millones (6.000.000) de ptas. aportadas por los socios de la siguiente manera: un veinte por ciento (20%) o un millón doscientas mil (1.200.000) ptas., además de su habilidad mercantil, por el socio Pedro Rodríguez; un treinta por ciento (30%) o un millón ochocientas mil (1.800.000) ptas., además de su pericia contable, por el socio Felipa Gómez; y un cincuenta por ciento (50%) o tres millones (3.000.000) de ptas., por el socio Miguel Altea.

**Art. IV**. La sociedad tendrá como meta principal el asesoramiento y revisión contables es todas sus ramas y aspectos de firmas mercantiles o industriales. Durará diez años.

**Art. V**. El socio mercader, don Pedro Rodríguez, en su calidad de Gerente General, será principal firmante de la sociedad y su representante oficial en todos los asuntos y operaciones mercantiles.

**Art. VI**. El socio contable, doña Felipa Gómez, quien se encargará del asesoramiento y revisión contables de la sociedad, también tomará a su cargo la contabilidad y caja social de la empresa e informará cada seis meses del estado financiero de su operación normal.

**Art. VII**. El socio comanditario, don Miguel Altea, no se ingerirá en los asuntos gerenciales de la sociedad pero tendrá la oportunidad de revisar los libros contables para asegurarse de su operación normal.

**Art. VIII**. El socio gerente y el socio contable, por los cargos que desempeñarán, tendrán las responsabilidades que percibirán un salario mensual de cien mil (100.000) ptas. Además, cada socio, para sufragar los gastos incurridos al desempeñar sus deberes empresariales, podrá valerse de veinte mil (20.000) ptas. mensuales.

Nombre_____ Clase_____ Fecha_____

**Art. IX.** Al final de cada ejercicio contable, y una vez sufragados los gastos de operación, se liquidarán entre los tres los beneficios restantes iguales al porcentaje del capital aportado por cada socio.

**Art. X.** Si sucediera cualquier disputa o diferencia de opinión entre los socios, quedaría resuelta por árbitros nombrados por cada uno de ellos, y, en caso de discordia entre los árbitros, por terceros designados por éstos.

**Art. XI.** Si no se cambiara la fecha de liquidación fijada en el Art. IV, el gerente general procedería inmediatamente a su disolución, abonando en la cuenta corriente de cada socio lo que le corresponde en proporción del capital aportado inicialmente, además de los beneficios divididos según los porcentajes establecidos en el Art. III.

Concluido este acto jurídico al haber cumplido los otorgantes todas las etapas necesarias para la realización legal, incluso el tomar juramento de que todas las declaraciones hechas durante el acto y en esta escritura son los que se han acordado y confirmado, y leído ante los comparecientes y firmado por ellos y los testigos don Juan Mata y doña Ana Hernández, clientes, le doy fe del acto así como mi firma.

*Valencia*, 12 de *febrero* de 199__

*Pedro Rodríguez*_____(socio)    *Juan Mata*_____(testigo)

*Felipa Gómez*_____(socio)    *Ana Hernández*_____(testigo)

*Miguel Altea*_____(socio)

*José Escobar*_____
Notario Público

Nombre_____  Clase_____  Fecha_____

**Problema numérico-comercial 1-1.**

Ud. acaba de formar con tres amigos una sociedad en comandita. Ud. y dos socios son activos y el cuarto es comanditario. Cada uno de Uds. ha aportado a la empresa las siguientes inversiones de capital:

| SOCIO | CAPITAL APORTADO |
|---|---|
| Ud. | $15.000 |
| Socio II | $20.000 |
| Socio III | $15.000 |
| Socio IV (comanditario) | $50.000 |

Según el contrato de constitución, cada socio recibirá el por ciento de ganancias o de pérdidas en proporción al por ciento de su inversión inicial. Sólo el comanditario tiene una responsabilidad limitada.

Haga los siguientes ejercicios:

(1) Calcule la suma de todas las aportaciones hechas por los socios.

(2) Calcule los por cientos de la aportación de cada socio.

(3) Si hay una ganancia total de $40.000, calcule la ganancia individual de cada socio.

(4) Si hay una pérdida de $200.000, calcule las pérdidas de los socios activos en total y las del socio comanditario.

(5) ¿Cómo podrían evitar los socios activos las pérdidas sufridas en N° 4 arriba?

**INFORME PERSONAL**

Basado en la información indicada en la página 13 (Ejercicio N° 2), Ud. quiere constituir su propia compañía. Después de visitar o llamar a las organizaciones comerciales disponibles en su propia comunidad (la Cámara de Comercio, el Ministerio de Desarrollo Estatal Regional o Local, etc.), es necesario redactar un informe con la siguiente información:

1. Tipo, actividad y objetivos de la empresa
2. Capital que se necesita para ponerla en marcha
3. Estructura u organización de la compañía
4. Proceso legal requerido para constituirla

Redacte este informe para sus futuros socios. También se puede redactarles una carta con la misma información utilizando el membrete individual (p. 15 Ejercicio N° 3).

Nombre_____ Clase_____ Fecha_____

# La gerencia

**CAPITULO 2**

---

**PREGUNTAS DE ORIENTACION**

**Al hacer la lectura, piense Ud. en las respuestas a las siguientes preguntas.**

- ¿Qué elementos se incluyen en un memorándum que anuncia el ascenso de un empleado?
- ¿Por qué es tan importante el tono de una carta de recomendación?
- ¿A qué debe limitarse el contenido de una carta de recomendación?
- ¿Qué tipo de crítica debe evitarse en una carta de recomendación?
- ¿Qué procedimiento se utiliza en los países hispanoparlantes para eximir de responsabilidad al informante que escribe una carta de recomendación?

---

## BREVE VOCABULARIO UTIL

**afán (m)** *enthusiasm, eagerness*
**ascenso** *promotion*
**cambio de dirección** *relocation, change of address*
**carrera** *career*
**comunicado** *communiqué, communication*
　**___ de prensa** *press release*
**desempeño** *performance*
**dimisión** *resignation*
**dimitir** *to resign, step down*
**empleado modélico** *model employee*
**eximir de responsabilidad** *to exempt or free from responsibility*
**gerente (m)** *manager*
　**___ comercial** *business manager*
　**___ general** *general manager*
**ligero** *slight*
**oportuno** *timely*
**organigrama (m)** *organizational chart*
**presidente** *chief executive officer (CEO)*
**seleccionar a la persona idónea para el puesto** *to choose the right person for the job*
**sobresaliente** *outstanding*
**vocal (m/f)** *director*
**volante (m)** *leaflet, attached page*

Nombre_____ Clase_____ Fecha_____

## LECTURA

### Cartas y communicados de ascenso y de recomendación

La correspondencia comercial que trata temas de ascenso y de recomendación generalmente es responsabilidad de algún supervisor o gerente del nivel de medio o alto mando. Este tipo de carta o comunicado incluye tanto la comunicación interna como la externa. Es importante prestar la debida atención no sólo al contenido sino al tono que se usa, pues en muchos casos el tono revelará el verdadero sentido de las palabras.

**Cartas y comunicados de ascenso**

El ascenso de un empleado representa una buena noticia y, por ende, una carta o comunicado fácil y agradable de escribir. Muchas veces los ascensos se comunican primero oralmente en una reunión de personal después de la cual se envía un memorándum a los empleados para comunicar algo más formalmente la buena noticia. Este memorándum normalmente incluye lo siguiente:

- Quién es la persona ascendida
- Cuál será el nuevo puesto que ocupará
- A partir de qué fecha asumirá sus nuevas responsabilidades
- Un breve resumen de su carrera dentro de la empresa y antes de venir a trabajar en esta firma
- Algún toque de tipo personal (referencias a la familia o a los pasatiempos de la persona ascendida)

Frecuentemente en los EE.UU. también se hace un comunicado de prensa para difundir aún más amplia y formalmente la noticia en los periódicos locales. Al hacer esto, hace falta ser conciso y preciso, ofreciendo el tipo y estructura de información que buscan los periodistas: *quién, qué, cuándo, cuáles* serán las nuevas responsabilidades y *qué* puesto anterior ocupó el individuo. Estos elementos deberían incorporarse, es decir, contestarse, en el comunicado, a sabiendas de que muchas veces la forma del comunicado será cambiada al aparecer en el periódico.

Por último, es norma escribirle a la persona ascendida una breve carta de felicitaciones. En ésta se utiliza un tono amistoso y se incluyen los detalles como el nuevo sueldo y la fecha en la cual se asumen las nuevas responsabilidades.

**Carta de recomendación**

Cuando el gerente se ve obligado a escribir una carta de recomendación para un empleado que solicita un puesto en otra empresa, el contenido de tal carta deberá limitarse a los hechos y el desempeño profesionales y evitar críticas de tipo personal. En este tipo de carta es importantísimo el tono, pues revelará si la recomendación es alta o medianamente positiva, o si es ligera o fuertemente negativa. Hace falta usar términos de extrema corrección, haciendo resaltar, sin exagerar, las cualidades positivas del individuo. La carta deberá dirigirse a los méritos y a las capacidades profesionales del aspirante, mencionando también su preparación y experiencia, su comportamiento en el trabajo, la seriedad del candidato y, si se quiere, algunas observaciones sobre el carácter y la moralidad del individuo. Estas cartas se escriben con el entendimiento de que son altamente confidenciales, para así proteger (o eximir de responsabilidad) al informante. Por esto, es norma en los países hispanoparlantes omitir referencia directa en la carta al nombre del individuo sobre el cual se hace un informe y anotarlo en un volante adjunto.

**¿QUE SABE UD. DE LAS CARTAS Y COMUNICADOS DE ASCENSO Y DE RECOMENDACION?**
Vuelva a las preguntas de orientación que se hicieron al principio del capítulo y ahora contéstelas en oraciones completas en español.

Nombre_____  Clase_____  Fecha_____

1. _____
   _____
2. _____
   _____
3. _____
   _____
4. _____
   _____
5. _____
   _____

## MEMORANDUM MODELO 2-1. ANUNCIO DE ASCENSO

Lea el siguiente memorándum y haga los ejercicios a continuación.

---

DE: Enrique Ayala, Presidente                FECHA: 16 junio 199__

PARA: Personal de GLOBATEC, S.A.

ASUNTO: Ascenso de María Pilar Núñez a Directora de Ventas Internacionales

Es un placer informarles que en la última sesión de la Junta de Directores, día 12 del presente, fue aprobada unánimemente la recomendación de ascender a María Pilar Núñez al puesto de Directora de Ventas Internacionales de nuestra firma. María Pilar Núñez ha trabajado con entusiasmo y éxito en nuestra empresa desde 1982, ocupando primero el puesto de agente de ventas locales y luego el de Directora de Ventas Nacionales. Antes de trabajar en GLOBATEC, trabajó para la compañía TRASMAR, S.A. La felicitamos a ella y a su familia—su marido Arturo y dos hijos, Felipe y Susana—en esta feliz noticia para todos nosotros.

---

## EJERCICIOS

1. Dé un sinónimo de las siguientes palabras o frases, usando las que están subrayadas en el memorándum y otras que Ud. conozca.

   a. prestar sus servicios _trabajar_        e. compañía _firma_
   b. comunicarles _informarles_              f. actual _presente_
   c. reunión _sesión_                        g. Me es grato _Es un placer_
   d. afán _entusiasmo_                       h. empresa _compañía_

Nombre_____ Clase_____ Fecha_____

2. Vuelva a escribir el texto del memorándum 2-1, reemplazando las palabras subrayadas en el memorándum con las del ejercicio anterior. Haga todos los demás cambios que resulten necesarios.

Nombre_____ Clase_____ Fecha_____

**CARTA MODELO 2-1. CARTA DE ASCENSO**

---

16 de junio de 199__

Sra. María Pilar Núñez
c/Maeztu, 122 - 3° 1ª
00822 Valencia

Estimada María:

Me es grato esta breve comunicación para confirmar que en la reunión de la Junta Directiva el 12 del actual, se aprobó unánimemente la recomendación de tu ascenso a Directora de Ventas Internacionales de GLOBATEC, S.A., nuevo puesto que podrás asumir a partir del primero del mes entrante, con un correspondiente aumento de sueldo a 558.000 pesetas mensuales.

Nos ha impresionado a todos tu excelente labor hasta la fecha en GLOBATEC, en especial tu trabajo realizado durante los últimos tres años en Ventas Nacionales, años que vieron un importante crecimiento en el número de nuestros clientes, especialmente en Madrid y en Barcelona. Sabemos que podemos confiar en tu futura colaboración sobresaliente como nueva Directora de Ventas Internacionales y que como resultado aumentará también el número de nuestros clientes internacionales.

Te felicito por este bien merecido ascenso. Con un cordial saludo de,

GLOBATEC. S.A.

Enrique Ayala
Presidente

---

## EJERCICIO

Traduzca al inglés las siguientes partes de la carta modelo 2-1: saludo, texto, despedida.

Dear María_____:

It is a ple_____

Nombre _____  Clase _____  Fecha _____

_____
_____
_____
_____
_____
_____
_____
_____

**CARTA MODELO 2-2. CARTA DE RECOMENDACION**

---

March 23, 199_

Mr. Malcolm McCarthy
President
Rutherford Distributors
20 S. Market Street
San Diego, CA 92853

Dear Mr. McCarthy:

I'm delighted to respond to your request for a recommendation for Margaret Steal, our personnel director for the past five years.

We were extremely disappointed to lose the services of Ms. Steal because of her husband's relocation to Charlotte in January of this year. Her work as personnel director for our company was outstanding. She was responsible for hiring numerous employees who have made significant contributions to our operations, demonstrating consistently her talent for matching the right person with the right job. She also proved to be an excellent team player who maintained an excellent flow of communication between management and our many employees, responding in a timely and sensitive manner to the needs of all concerned.

If you are in need of a personnel director who is skilled, responsible, and who has potential for advancement, I strongly recommend Ms. Steal. You will be fortunate to have her working for you.

Sincerely,


Mary Anne Keefer
Vice President

Nombre_____ Clase_____ Fecha_____

**EJERCICIOS**

Traduzca al español las siguientes partes de la carta 2-2: saludo, texto, despedida.

_____ :

me es grato a responderle a su propuesta por una recomendación para margaret steal, nuestra director de personal por los últimos cinco años.

　Nostros estuvimos sumamente decepcionados de perder los servicios de Señora Steal por el cambio de dirección de su esposo a Charlotte en enero del actual. Su trabajo como directora de personal por nuestra firma era excepcional. Ella era responsable de contractar numerosos empleados quienes han hecho contribuyones significantes en nuestra operaciones, demostrando consistamente su talento de seleccionar a la persona idónea para el puesto. Ella mantuvo un flujo excepcional entre la dirección y nuestros empleados, solicitando en una manera oportuna y sensitiva a sus necesidades

Si necesitas una directora de personal bien entrenada, responsable quien tiene

## BORRADOR DE CARTA MODELO 2-3. RECOMENDACION NEGATIVA

¡Ojo! La siguiente carta tiene errores de tipo gramatical u ortográfico. Ud., como gerente, es la persona que firma la carta y por eso es necesario combrobar que no haya nungún error. Lea la carta cuidadosamente y después haga las correcciones directamente en el texto de la carta abajo, de modo que la versión final se pueda enviar libre de errores al destinatario.

---

**HOGARNOVO**
Major, 80
03022 Teruel, España
Tels. 845-6768, 845-6769

15 marzo 199_

DECORCASA
Espronceda, 62-63
12301 Tarragona
España,

Señores:

Acusamos resibo de su carts del 9 del acutal, en el cual solisiten nuestro informa sobre la persona mensionado en el volente adjunto quien prestó sus servicios en nuestra empresa desde frebrero de 199_ hasta junio del mismo. Sentimos no poder facilitarles en esta ocasión una respuesta más detallada sobre el particular, sólo somunicarles que esta persona no supo comportarse profesionalmente tal como habímos esperado, manifiéstadonose como in individuo muy desorganisado y de muy difisil trato personal.

Esperamos que la presente se guarde en absoluta reserva. Hasta una mejor ocasión en la cual poder servirles, quedamos de Uds. atentamente,

DECORCASA

Ramón Vidal Martí
Gerente

---

## REDACCION DE UNA CARTA

Redacte una carta comercial en español según uno de los siguientes supuestos.

1. Llorens Llorens, S.A. has requested a letter of recommendation for Ana María Merino Arjona, who was in charge of your accounting department for seven years. Write a positive recommendation to Sr. D. Alvaro Benjamín Castillo (Subdirector General, c/Colón 236, Gerona 25, Spain), stating that she was a model employee, extremely organized and reliable.

2. VENTAWORLD, S.A., has requested a letter of recommendation for Enrique Masías Fernández, who has been with your accounting department for the past eight months. He is applying for the position of regional sales manager in Andalusia. To the best of your knowledge he has neither the training nor experience for this position. Communicate your reservations diplomatically to Ms. Teresa Hidalgo Fuentes (Directora, c/Felipe II 89, Sevilla 228, Spain).

Nombre_____ Clase_____ Fecha_____

## DOCUMENTO MODELO 2-1. EL ORGANIGRAMA

El organigrama es la representación gráfica o esquemática de la estructura administrativa de una empresa. Representa las líneas de mando y la coordinación de distintos niveles y departamentos, como se ve en los ejemplos a continuación.

**A. Organigrama genérico con nomenclatura**

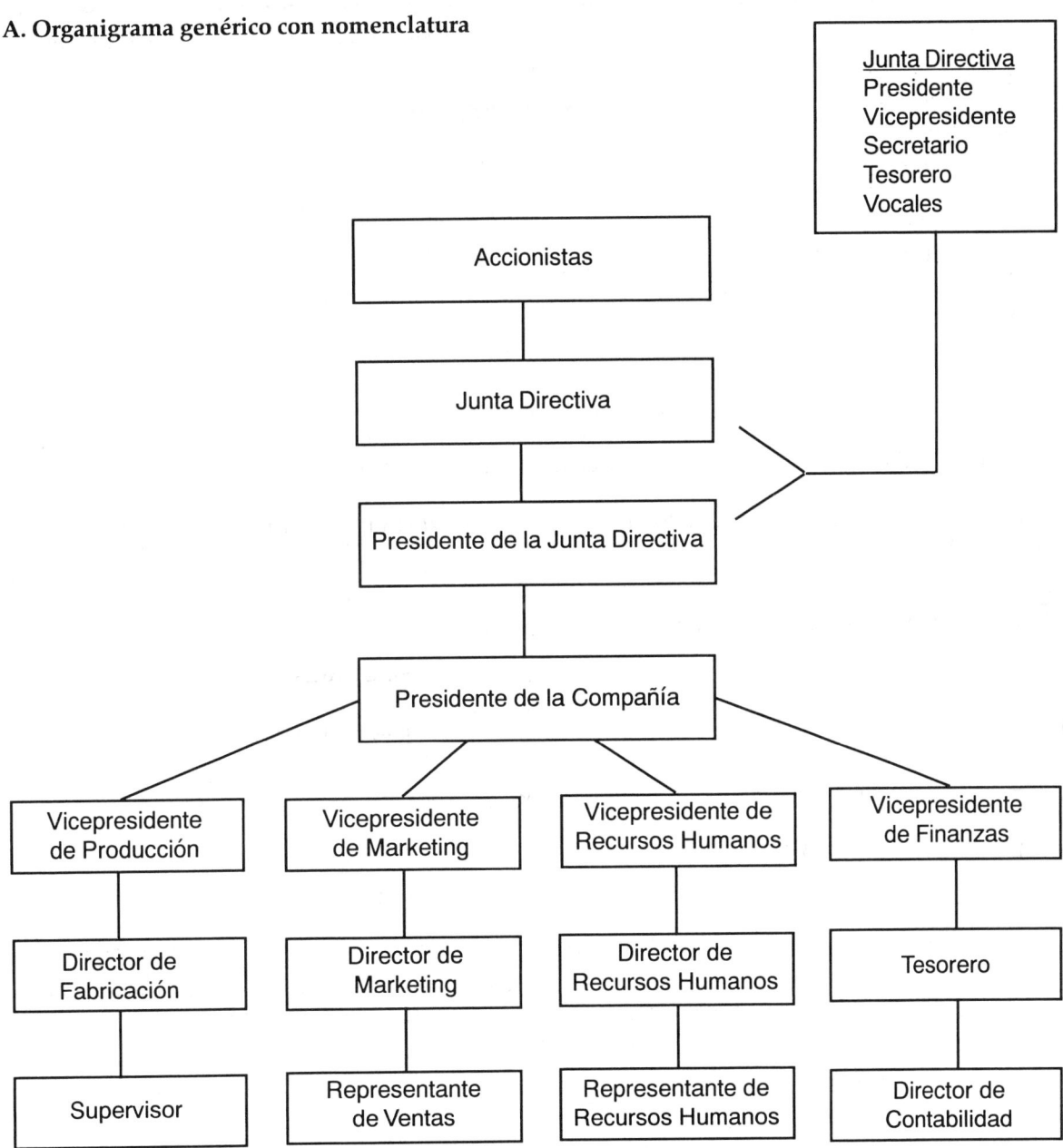

Nombre_____ Clase_____ Fecha_____

**B. Modelo de Consejo de Administración de un banco**

| CONSEJO DE ADMINISTRACION | BOARD OF DIRECTORS |
|---|---|
| Presidente | Chairman |
| Vicepresidente 1.° | First Deputy Chairman |
| Vicepresidente 2.° | Second Deputy Chairman |
| Consejero Secretario | Director and Secretary |
| Vocales | Directors |
| Director General | President and Chief Executive Officer |
| Director General Adjunto | Executive Vice-President General |
|    Secretario General |    Secretary |
| Directores Generales Adjuntos | Executive Vice-Presidents |

**C. Modelo de Dirección de un banco**

| DIRECCION | MANAGEMENT |
|---|---|
| Dirección General | President and Chief Executive Officer |
| Direcciones Generales Adjuntas | Executive Vice-Presidents |
| Direcciones Adjuntas | Senior Vice-Presidents |
| Subdirecciones Generales | General Managers |
| Subdirecciones | Deputy General Managers |
| Subdirecciones Adjuntas | Assistant General Managers |
| Gerencias Delegaciones Generales | Senior Managers |
| Departamentos | Departmental Managers |

Nombre_____ Clase_____ Fecha_____

**Problema numérico-comercial 2-1.**

Ud. acaba de ascender al puesto de asesor del departamento de contabilidad a consecuencia de una fusión de empresas. También se le va a trasladar a Ud. a México para desempeñar unos negocios importantes. Para recompensarle a Ud. se le va a aumentar el sueldo de $40.000 un 20% y se le va a dar una subvención de $10.000 para la vivienda, más los gastos de mudanza, otros $10.000.

Haga los siguientes ejercicios:

(1) Si Ud. va a quedarse 2 años, ¿qué sueldo ganará Ud. anualmente? ¿Sueldo total?

(2) ¿Cuánto tendrá que pagar la compañía para enviarle a Ud. a México?

**INFORME PERSONAL**

Prepare en el espacio a continuación un organigrama para su propia empresa, incluyendo el alto mando, medio mando y bajo mando. Explique en un breve prefacio qué tipo de empresa es y cuántos empleados tiene.

Prefacio: _____

_____

_____

_____

_____

_____

_____

_____

_____

_____

Nombre _____  Clase _____  Fecha _____

# La banca

**CAPITULO 3**

## PREGUNTAS DE ORIENTACION

**Al hacer la lectura, piense Ud. en las respuestas a las siguientes preguntas.**

- ¿Cuáles son algunos de los servicios que ofrecen los bancos?
- ¿Qué es una carta de solicitud de crédito y cuándo se redacta?
- ¿Qué cartas pueden redactarse para responder a la carta de solicitud de crédito?
- ¿Qué es un cheque y cuáles son sus diferentes clases y requisitos?
- ¿Qué es un pagaré?

## BREVE VOCABULARIO UTIL

**a la vista**  *at sight*
**activo**  *asset*
**ahorros**  *savings*
**boleta de depósito**  *deposit slip*
**carta**  *letter*
　__ **de concesión de crédito**  *letter approving credit*
　__ **de denegación de crédito**  *letter denying credit*
　__ **de solicitud de crédito**  *letter requesting credit*
**cheque (m)**  *check*
**ejercicio**  *fiscal year or accounting period statement*
**girado/a**  *drawee*
**girador/a**  *drawer*
**letra de cambio**  *bill of exchange*
**librado/a**  *drawee*
**librador/a**  *drawer*
**mutuante**  *lender*
**mutuatario/a**  *borrower*
**pagaré (m)**  *promisory note*
**pasivo**  *liability*
**portador/a**  *bearer*
**prestamista (m/f)**  *lender*
**prestatario/a**  *borrower*
**rédito**  *rate of return or yield*
**solicitante (m/f)**  *applicant*
**suscriptor/a**  *lender*
**tenedor/a**  *bearer*

Nombre _____  Clase _____  Fecha _____

## LECTURA

## Cartas y documentos bancarios

Para realizar muchas transacciones mercantiles y financieras tanto nacionales como internacionales, los comerciantes, industrialistas, gerentes y otras personas de negocios tienen que valerse de los servicios bancarios y contables. Muy a menudo, estos servicios se prestan mediante la emisión, redacción o despacho de varios instrumentos o documentos bancarios o contables.

Los servicios bancarios más comunes son los que se relacionan con el crédito y los préstamos, los depósitos, las cuentas corrientes y las de ahorros, las transferencias, los giros, el cambio de moneda extranjera, los certificados de depósito y, por supuesto, la emisión del dinero mismo. Emprenden estas actividades varios tipos de bancos según su especialidad: los comerciales, crediticios, hipotecarios, industriales y fiduciarios así como los de ahorros y préstamos. En la mayoría de los casos, requieren la redacción y envío o emisión de alguna carta, instrumento o documento. Uno de los documentos bancarios más típicos es la carta de solicitud de crédito. En ésta se pide un crédito o préstamo a un banco para realizar algún fin financiero, mercantil o industrial. Precisa la cantidad, propósito y modo de pagar el préstamo y viene acompañada de referencias mercantiles o bancarias así como, a menudo, del estado financiero del prestatario. Si se verifica que éste es solvente, se suele otorgar el crédito. Si no, se suele denegar. En ambos casos, las cartas son cordiales y dan las razones por la concesión o la denegación de crédito. Además, precisan las condiciones de concesión o indican, según el caso, la posibilidad de conseguir una aprobación futura.

**El cheque**

Un cheque es una orden de pago a la vista, impresa y girada contra fondos bancarios. Comprende la participación de tres personas o entidades: el *librador* o *girador*, la persona (cuentacorrentista o cuentahabiente) que libra o gira el cheque, es decir, la persona que autoriza el pago del importe señalado en el cheque; el *librado* o *girado*, o sea, el banco que libra los fondos de la cuenta corriente del librador o girador; y el *tenedor* o *tomador*, la persona a quien se libra o gira el cheque, es decir, la persona (endosante) que puede cobrar el importe señalado al endosar el cheque. Son de varias clases—*nominativos* (los que llevan el nombre del tenedor), *al portador* o *a la orden* (los que son pagaderos a cualquier persona que los presente para cobrar), *bancarios* (los que gira un banco a otro)—y tienen los siguientes requisitos:

- Nombre y, a veces, la dirección y teléfono del librador
- Número y fecha del cheque
- Membrete del librado o banco
- La expresión <<PAGUESE A LA ORDEN DE... >>
- El importe en cifras y en letras
- Número que el banco ha asignado a la cuenta corriente
- El nombre del tenedor
- La firma del librador

Para cobrar el importe del cheque es necesario endosarlo, lo cual se efectúa al firmar el endosante al dorso del cheque. El o la endosante también puede autorizar que se pague el importe a otra persona, el/la endosatario/a.

**La boleta de depósito**

En general, las boletas de depósito sirven para depositar dinero en efectivo o cheques en las cuentas bancarias.

Nombre _____ Clase _____ Fecha _____

**El pagaré**

Es un documento, normalmente impreso, que indica la promesa incondicional de pagar cierta cantidad de dinero prestado en un plazo de tiempo fijo o para una fecha previamente acordada, a cierto rédito o tasa de interés. Las partes o personas involucradas en esta transacción, cuyos nombres aparecen en el pagaré, son: el/la solicitante, también llamado/a suscriptor/a, o sea, la persona que remite o gira el pagaré; el librador o mutuante, quien paga el importe; y el tenedor o mutuatario, el que cobra o recibe el importe. El pagaré también se puede pagar (endosar) a una tercera persona (el/la endosatario/a) y a veces sirve de alternativa al cheque como documento de pago.

**¿QUE SABE UD. DE LAS CARTAS Y DOCUMENTOS BANCARIOS?** Vuelva a las preguntas de orientación que se hicieron al principio del capítulo y ahora contéstelas en oraciones completas en español.

1. _____
_____
_____
_____

2. _____
_____
_____
_____

3. _____
_____
_____
_____

4. _____
_____
_____
_____

5. _____
_____
_____

Nombre_____ Clase_____ Fecha_____

**CARTA MODELO 3-1. CARTA DE SOLICITUD DE CREDITO**

Lea la siguiente carta y haga los ejercicios a continuación.

---

PRODUCTOS CAFETEROS SANCHEZ, S. en C.
7 Avenida 2-13, Zona 4
Ciudad Guatemala, Guatemala
Tel 405 13 57    Telex 6742 PCS (G)

21 de enero de 199__

BANCO INTERCONTINENTAL DE DESARROLLO
234 Avenue D, NW
Washington, D.C. 20577

<u>Estimados</u> señores:

Por medio de la presente <u>pedimos</u> un <u>préstamo</u> de $300.000 (EE.UU.) a nombre de nuestra sociedad para fines de noviembre <u>de 199</u>__ para comprar cinco tractores ACME X-13.

<u>Incluimos</u> el formulario que Uds. nos enviaron, así como una lista de referencias financieras. También incluimos copia de nuestro último <u>estado de situación</u>.

En espera de una pronta respuesta a nuestra <u>petición,</u> en la cual nos precisen <u>los requisitos de reembolso</u>, quedamos de Uds. muy atentamente,

PRODUCTOS CAFETEROS SANCHEZ, S. en C.


Francisco Ríos Osorio
Gerente General

Anexos: un estado financiero y una lista de referencias

FRO/ms

---

**EJERCICIOS**

1. Dé un sinónimo de las siguientes palabras o frases, usando las que están subrayadas en la carta 3-1 y otras que Ud. conozca.

   a. las condiciones de pago _los requisitos de reembolso_
   b. adjuntamos _incluimos_
   c. crédito _préstamo_
   d. solicitud _petición_
   e. solicitamos _pedimos_
   f. del año en curso _de 199_
   g. distinguidos _Estimada_
   h. estado financiero _estado de situación_

Nombre_____ Clase_____ Fecha_____

2. Vuelva a escribir el texto de la carta 3-1, reemplazando las palabras subrayadas en la carta con las del ejercicio anterior. Haga todos los demás cambios que resulten necesarios.

Nombre_____ Clase_____ Fecha_____

**CARTA MODELO 3-2. CARTA DE CONCESION DE CREDITO**

---

BANCO INTERCONTINENTAL DE DESARROLLO
234 AVENUE D, NW
WASHINGTON, D.C. 20577
Tel. (202) 555-5098  Fax (202) 344-5157

10 de febrero de 199_

Sr. Fernando Ríos Osorio
Gerente General
PRODUCTOS CAFETEROS SANCHEZ, S. A.
7 Avda. 2-13, Zona 4
Ciudad Guatemala, Guatemala

Distinguido Sr. Ríos Osorio:

En relación con su atenta del p. pdo.* en la cual su empresa solicita un crédito por $500,000** EUA (quinientos mil dólares) para la compra de nueva maquinaria agrícola, nos agrada notificarle que aceptamos sus referencias bancarias y empresariales y le concedemos tal crédito.

Esta concesión de crédito se basa en las siguientes condiciones de pago: $225,000 (doscientos mil dólares, EUA) pgdros. en un pagaré a 60 d/v., y $275,000 (doscientos setenta y cinco mil dólares, EUA) pgdros. en un pagaré a 90 d/v., más el rédito de 25% sobre la cantidad del título de crédito si se retrasa en los pagos.

En espera de que estas condiciones le resulten satisfactorias y de que recibamos su pronta respuesta, quedo de Ud. muy atentamente,


Jon A. Merriweather
Vicepresidente, Préstamos Internacionales

JAM/pr

---

**¿Es Ud. hábil en las matemáticas?**

¿Cuánto sería el rédito en dólares que tiene que pagar el Sr. Osorio si retrasa en los pagos?

\* Para una explicación de ésta y otras siglas usadas en este manual, véase Apéndice 1 al final del mismo.

\*\* No se olviden de las reglas respecto de los números, explicados en el Capítulo Preliminar del presente cuaderno.

Nombre_____  Clase_____  Fecha_____

**EJERCICIO**

Traduzca al inglés las siguientes partes de la carta modelo 3-2: saludo, texto, despedida.

_____ :

_____
_____
_____
_____
_____
_____
_____
_____
_____
_____
_____
_____
_____
_____
_____
_____
_____
_____
_____
_____

_____ ,

Nombre_____ Clase_____ Fecha_____

**CARTA MODELO 3-3. CARTA DE DENEGACION DE CREDITO**

---

INTERCONTINENTAL BANK OF DEVELOPMENT
234 AVENUE D, NW
Washington, D.C. 20577
Tel. (202) 555-5098   Fax (202) 344-5157

June 15, 199__

Mr. Fernando Ríos Osorio
General Manager
PRODUCTOS CAFETEROS SANCHEZ, S. A.
7 Avda., 2-13, Zona 4
Ciudad Guatemala, Guatemala

Dear Mr. Ríos Osorio:

We received your letter of May 10th in which you requested a line of credit of $500,000 U.S. (five hundred thousand dollars) to buy new farm equipment.

We are sorry to notify you that, in spite of your positive financial position, the new bank policy does not grant loans greater than $100,000 U.S. (one hundred thousand dollars) on open account.

We regret this current policy and apologize for any delay it may cause you. Hoping to serve you in the near future, I remain

Very truly yours,


Jon. A. Merriweather
Manager, Credit Dept.

JAM/pr

---

**EJERCICIOS**

Traduzca al español las siguientes partes de la carta 3-3: saludo, texto, despedida.

_____ :

_____

_____

_____

_____

Nombre_____ Clase_____ Fecha_____

Nombre_____ Clase_____ Fecha_____

**BORRADOR DE CARTA MODELO 3-4. CARTA DE SOLICITUD DE CREDITO**

¡Ojo! La siguiente carta tiene errores de tipo gramatical u ortográfico. Ud., como gerente, es la persona que firma la carta y por eso es necesario comprobar que no haya ningún error. Lea la carta cuidadosamente y después haga las correcciones directamente en el texto de la carta abajo, de modo que la versión final se pueda enviar libre de errores al destinatario.

PRODUCTOS CAFETEROS SANCHEZ, S. en C.
7 Avda. 2-13, Zona 4
Ciudad Guatemala, Guatemala
Tel. 405 13 87    Telex 6742 PCS (G)

3 de noviembre de 199 __

ACME, Inc.
880 Wabash Street
Chicago, Illinois 60605

Muy señores nuestros:

Le enbiamos la presente para solicitar que nos consede una línea de crédito para comprar dos tractores ACME 13.

Para facilitar la investigación de nuestra situación, creditisia, adjuntamos nuestro último estado financiero, además de una lista de tres referencias comersiales: dos gerentes, con que tenemos relaciones mercantiles, y el presidente de nuestro vanco. Confiamos en que ellos verificarán nuestro estado financiero favorable.

En esperansa de que sus investigaciones favorezcan nuestra solicitud y resulten en el comienzo de unas largas y fructíferas relaciones comerciales, los soludemos a Uds. muy atentamente,

PRODUCTOS CAFETEROS SANCHEZ, S. en C.

Fernando Ríos Osorio
Gerente General

Anexos: un estado financiero y una lista de referencias

FRO/ms

Nombre _____   Clase _____   Fecha _____

**REDACCION DE UNA CARTA**

Redacte una carta comercial en español según uno de los siguientes supuestos.

1. BIG BANK, INC., the bank for which you are working as credit manager, has received from ALIMENTOS FERNANDEZ, S.R.L., a letter seeking credit of $200,000 (USA). ALIMENTOS sells coffee and tropical fruits and wants to set up several stores in the U.S., primarily in your area. The company has attached a financial statement and a list of commercial references. After investigating the company and finding it solvent, you write a letter granting credit. Include the following information:

    Addresser: Big Bank, Inc., 200 Park Place, New York, N.Y., 10007, Tel. (212) 555-2000, Fax (212) 687-2093

    Addressee: ALIMENTOS FERNANDEZ, S. de R. L., 8ª Calle, No. 1220, Tegucigalpa, Honduras

    Conditions: $50,000 (USA), payable by bank draft in 60 days and $150,000 (USA), payable by bank draft in 120 days

2. The company, MONROE'S APPLIANCES, Inc., for whom you are working as an assistant manager of credit, has just received from TIENDAS MUNIZ, S. A., a company located in Tegucigalpa, a letter seeking a line of credit of $100,000 (USA) for the purchase of various of MONROE'S products. Although the Honduran company enjoys a good credit rating in its country, MONROE'S sales policy only permits a maximum credit of $50,000 (USA), and then, only after paying the first order by letter of credit. Write explaining the bank's policy and include the following information:

    Addresser: MONROE'S APPLIANCES, Inc., 1200 Niles, Skokie, Illinois, 60076, Tel. (312) 555-4000, Fax (312) 287-4250

    Addressee: Srta. María Fernández, Gerente de Compras, TIENDAS MUNIZ, S. A., Avda. de la Paz 36, Tegucigalpa, Honduras

Nombre _____  Clase _____  Fecha _____

**DOCUMENTO MODELO 3-1.   EL CHEQUE**

| | | |
|---|---|---|
| Cheque No. | 48XL3 | |
| Importe $ | 4,994,00 | |
| Fecha | 30/mar/9_ | |
| Páguese a la orden de | Prod. Cafe. Sanchez | |
| Depósito 1 | | |
| Depósito 2 | | |
| Otro cargo | | |
| Valor cheque | 4.944,00 | |

Av. Central
Santiago

$ _4.944,00_____

_30 de marzo de 199__

Páguese a la orden de  _Productos Cafeteros Sánchez_

la suma de  _Cuatro mil novecientos cuarenta y cuatro dólares_

**Big Bank**  *

_Pablo Santoyo_

40000    30000    20000    50000

**EJERCICIO**

Con los siguientes datos, complete el cheque modelo que aparece a continuación.

Fecha:       La de hoy
Girador:    José Martínez
Importe:   1.000.500,00 pesos

Número del cheque:  56X42Z
Tenedor:    Hnos. Torres, S.A.

| | |
|---|---|
| Cheque No. | |
| Importe $ | |
| Fecha | |
| Páguese a la orden de | |
| Depósito 1 | |
| Depósito 2 | |
| Otro cargo | |
| Valor cheque | |

Av. Central
Santiago

$ _____

_____

Páguese a la orden de _____

la suma de _____

**Big Bank**  *

_____

40000    30000    20000    50000

Nombre_____  Clase_____  Fecha_____

**DOCUMENTO MODELO 3-2.  LA BOLETA DE DEPOSITO**

| BOLETA DE DEPOSITO | | SOLO MARQUE UN CASILLERO POR BOLETA | | | |
|---|---|---|---|---|---|
| CUENTA: CORRIENTE ☐  AHORRO ☒ <br> No. *8748* | | ☒ EFECTIVO | | | 82.287 |
| | | Cheques y Documentos | Banco | Plaza | Pesos |
| OFICINA DESTINO  *Santiago* | | ☒ BCO. COLROB ESTA PLAZA | | | |
| NOMBRE DEL TITULAR: <br>  *José Euskadi* | | ☐ BCO. COLROB OTRAS PLAZAS | | | |
| | | ☐ OTROS BANCOS ESTA PLAZA | | | |
| FONO DEPOSITANTE: *48752* | | ☐ OTROS BANCOS OTRAS PLAZAS | | | |
| FECHA: *3/22/9_* | | ☐ VALES CHEQ. FISCALES ESTA PLAZA | | | |
| **BANCO DE COLROB** | | No. Documentos | | TOTAL DEPOSITO | 82.287 |

*El fono depositante es el número de teléfono del cuentacorrentista, el cual en Santiago suele llevar cinco números.

**EJERCICIO**

La compañía Ramrod Supplies, S. en N.C., deposita en su cuenta corriente, núm. 0-714876-00-8 del Banco de Colrob, de Santiago de Chile, la cantidad de dos millones ($2.000.000) de pesos chilenos recibidos de la compañía Pontevedra y Asociados, Ltda., en forma de un cheque girado por el mismo banco en pago de dos computadoras de marca IMB. Añada cualquier información que sea necesaria.

| BOLETA DE DEPOSITO | | SOLO MARQUE UN CASILLERO POR BOLETA | | | |
|---|---|---|---|---|---|
| CUENTA: CORRIENTE ☐  AHORRO ☐ <br> No. | | ☐ EFECTIVO | | | |
| | | Cheques y Documentos | Banco | Plaza | Pesos |
| OFICINA DESTINO | | ☐ BCO. COLROB ESTA PLAZA | | | |
| NOMBRE DEL TITULAR: <br> _____ | | ☐ BCO. COLROB OTRAS PLAZAS | | | |
| | | ☐ OTROS BANCOS ESTA PLAZA | | | |
| FONO DEPOSITANTE: _____ | | ☐ OTROS BANCOS OTRAS PLAZAS | | | |
| FECHA: _____ | | ☐ VALES CHEQ. FISCALES ESTA PLAZA | | | |
| **BANCO DE COLROB** | | No. Documentos | | TOTAL DEPOSITO | |

Copyright © 1997 by Holt, Rinehart and Winston, Inc.  All rights reserved.

Nombre _____  Clase _____  Fecha _____

## DOCUMENTO 3-3. EL PAGARE

---

Núm. ___21___     Por ___$3.000___ qtzl.

Debo(emos) y pagaré(mos) incondicionalmente, el día ___13 de septiembre___ de 199__ en Ciudad Guatemala a la orden de ___Roberto Arias___ (tenedor/mutuatario) la cantidad de ___tres mil___ quetzales, valor recibido a mi (nuestra) completa satisfacción.

Queda acordado que, en caso de demora, el presente título causará un interés del ___20%___ mensual hasta su total vencimiento, sin que por ello se considera aplazado el término.

La falta de cumplimiento en el pago total de este pagaré, dará lugar a que el tenedor pueda exigir el pago del importe y los intereses inmediatamente sin necesidad de previo aviso ni requerimiento alguno.

___Sr. Pedro Urrutia___ (librador/mutuante)     Ciudad Guatemala, 6 de marzo de 199__
___Avda, Bolivar 67___
___Ciudad Guatemala___     ___Gerardo de Montero___ (solicitante)
                         Sr. Gerardo de Montero

---

## EJERCICIO

Complete el pagaré a continuación con los siguientes datos.

Fecha y lugar de vencimiento: 15 de abril de 199__, Tegucigalpa
Importe:     2.500 lempiras
Mutuario:    Terencio Valdés
Mutuante:    Josefina Marcos Collado, Calle Flor, 7. San Pedro Sula, Honduras
Interés:     20% anual

---

Núm. _____     Por _____ lemp.

Debo(emos) y pagaré(mos) incondicionalmente, el día _____ de 199__ en _____ _____ a la orden de _____ la cantidad de _____ lempiras, valor recibido a mi (nuestra) completa satisfacción.

Queda acordado que, en caso de demora, el presente título causará un interés del _____ mensual hasta su total vencimiento, sin que por ello se considera aplazado el término.

La falta de cumplimiento en el pago total de este pagaré, dará lugar a que el tenedor pueda exigir el pago del importe y los intereses inmediatamente sin necesidad de previo aviso ni requerimiento alguno.

_____                              Tegucigalpa, 6 de marzo de 199__

_____

                                             _____

Nombre_____  Clase_____  Fecha_____

**Problema numérico-comercial 3-1.**

La compañía «Guatedatos», subsidiaria de una empresa estadounidense, la cual vende programas de computadoras, quiere vender sus productos a otros países centroamericanos, pero necesita capital. Como empleado/a de la sección financiera de la firma estadounidense, se le encarga a Ud. conseguir el dinero. Después de unas largas negociaciones, Ud. obtiene los préstamos, unos pagarés cuyos importes, tipos de interés y términos (plazos de tiempo), se indican a continuación.

| IMPORTE | TIPO DE INTERES SIMPLE | PLAZO | VALOR TOTAL PAGARE |
|---|---|---|---|
| $100.000 | 11% | 2 años | |
| $50.000 | 12% | 3 años | |

Haga los siguientes ejercicios:

(1) Calcule el interés que se cargará a los pagarés al vencer el término de cada uno (no se olvide que normalmente el tipo de interés se calcula anualmente).

(2) Calcule el importe total de cada préstamo.

(3) ¿Cuánto debe la compañía en total después de tres años?

**INFORME PERSONAL**

El banco con el cual su compañía tiene relaciones comerciales está experimentando dificultades financieras, debido a deudas aparentemente morosas. Ud. cree que es preciso que su empresa cambie de banco pero necesita convencerle a su jefe/a (socio/a en otra sucursal). Utilizando el papel membrete de su propia empresa, escriba un informe en el cual le explica por qué es preciso cambiar de bancos y, al mismo tiempo, qué servicios se necesitan.

# El terreno, local y equipo

## CAPITULO 4

### PREGUNTAS DE ORIENTACION

**Al hacer la lectura, piense Ud. en las respuestas a las siguientes preguntas.**

- ¿Qué tipo de inversión representa la compraventa o el arrendamiento de una finca urbana?
- ¿Qué documento se puede conseguir en un estanco español?
- ¿Qué tipos de riesgos se pueden asegurar con una póliza de seguros?
- ¿Sobre qué temas puede tratarse la correspondencia típica relacionada con el arrendamiento de un local?

## BREVE VOCABULARIO UTIL

**aplazamiento**  *postponement, deferment*
**arrendador**  *lessor, landlord, renter (one who gives the apartment to rent)*
**arrendamiento**  *lease, rent*
**arrendatario/a**  *lessee, tenant, renter (one who takes the apartment to rent)*
**avería**  *breakdown, damage*
**a vuelta de correo**  *by return mail*
**continente (m)**  *building*
**corredor**  *broker, agent*
**derecho**  *fee*
**despacho**  *office*
**estanco**  *state tobacco shop (where they sell stamps, bills of exchange, and contracts for property rental)*
**finca urbana**  *building*
**inquilino/a**  *lessee, tenant, renter (one who takes the apartment to rent)*
**letra de cambio**  *bill of exchange*
**local (m)**  *premises*
**pagadero/a**  *payable*
**parte (f)**  *party (to a contract)*
**particular**  *private*
**pericia**  *expertise*
**plazo (de tiempo)**  *time period, deadline*
**prima**  *premium*
**prórroga**  *extension, deferment*
**responsabilidad civil**  *civil or public liability*
**talón (m)**  *check (Spain), stub*
**vencer**  *to expire, be due for payment, reach a closing date*
**vencimiento**  *expiration, due, or closing date*

Nombre_____ Clase_____ Fecha_____

## LECTURA

### Cartas y documentos relacionados con el arrendamiento y los seguros de una finca urbana o de un local de negocios.

La decisión de comprar o arrendar una finca urbana, es decir, un edificio o una parte del mismo, generalmente representa una inversión de capital a largo plazo. Para tramitar la compraventa o el arrendamiento de un local, es común acudir a una agencia de bienes raíces o inmuebles para utilizar la pericia de un corredor cuya función es reunir a compradores (o arrendatarios o inquilinos) con vendedores (o arrendadores). También se puede arreglar el contrato de compraventa o de arrendamiento directamente entre las partes interesadas. En España, por ejemplo, se consigue fácilmente un CONTRATO DE ARRENDAMIENTO DE FINCAS URBANAS en un estanco haciendo un pago mínimo (derechos del estado) por el documento oficial del contrato a tramitar.

Dado que la compra o el arrendamiento de un edificio representa una inversión considerable, otro contrato importante es el de los seguros los cuales, por una prima (precio del seguro), protegen la inversión. Hay muchas clases de seguros cuyas pólizas protegen al asegurado contra toda clase de riesgos, tales como el incendio, la responsabilidad civil, el robo, los actos vandálicos, los daños causados por aguas, las roturas de vidrios y cristales y la avería de equipos electrónicos.

Es norma en un contrato de arrendamiento que el arrendatario le pague al arrendador por meses, por ejemplo, al principio de cada mes. Este pago suele hacerse por talón (cheque) o por letra de cambio, muchas veces depositando el importe debido directamente en una cuenta bancaria del arrendador. La correspondencia típica sobre el tema, entonces, puede tratarse del envío de un talón, el acuse de recibo de un cheque o de una letra, la reclamación de un pago no atendido debidamente, la solicitud de aplazamiento de un pago, etc. En estas cartas es preciso expresarse de modo claro, conciso y cortés, haciendo referencia a las estipulaciones del contrato en cuestión e indicando con exactitud las cantidades de dinero pagaderas o pagadas.

**¿QUE SABE UD. DE LAS CARTAS Y LOS DOCUMENTOS RELACIONADOS CON EL ARRENDAMIENTO Y LOS SEGUROS?** Vuelva a las preguntas de orientación que se hicieron al principio del capítulo y ahora contéstelas en oraciones completas en español.

1. _____
_____
_____

2. _____
_____
_____

3. _____
_____
_____

Nombre_____ Clase_____ Fecha_____

4. _____
_____
_____

**CARTA MODELO 4-1. ENVIO DE CHEQUE**

Lea la siguiente carta y haga los ejercicios a continuación.

---

23 febrero 199_

Sr. D. Rafael Arévalo Goicoechea
c/ Ampurias 253 - 2° 3ª
08112 Barcelona

Estimado señor:

Le envío adjunto el talón No. 378 por valor de 255.000 ptas. (doscientas cincuenta y cinco mil pesetas), cantidad correspondiente a la garantía requerida por Ud. por mi alquiler del despacho situado en c/San Antonio, 2° 2ª. Como hemos acordado, haré mi traslado a esta oficina el primero del mes entrante. Ruego que acuse recibo de ésta a vuelta de correo. Sin más por el momento, le doy las gracias y me despido de Ud. muy atentamente,

Verónica Oliver Muñoz

Anexo: 1 cheque

---

**EJERCICIOS**

1. Dé un sinónimo de las siguientes palabras o frases, usando las que están subrayadas en la carta 4-1 y otras que Ud. conozca.

a. en concepto de ___por___          e. efectuaré ___haré___
b. oficina ___despacho___            f. cheque ___talón___
c. remito ___envío___                g. arrendamiento ___alquiler___
d. importe _____           h. depósito ___valor___

Nombre _____  Clase _____  Fecha _____

2. Vuelva a escribir el texto de la carta 4-1, sustituyendo las palabras subrayadas con las del ejercicio anterior. Haga todos los demás cambios que resulten necesarios.

_____

_____

_____

_____

_____

_____

_____

_____

_____

_____

_____

**CARTA MODELO 4-2. ACUSE DE RECIBO DE CHEQUE**

---

25 de febrero de 199__

Srta. Verónica Oliver Muñoz
c/ Balmes, 344 - 1° 1ª
03042 Barcelona

Estimada Srta. Oliver:

He recibido esta mañana su atenta carta del día 22 con el talón No. 378 por un valor de 255.000 pesetas correspondientes al depósito requerido para confirmar nuestro contrato de arrendamiento del despacho en la calle San Antonio, 1° 2ª. Ya se ha efectuado la limpieza del despacho y se ha reparado el timbre de la puerta, con tal que todo está en orden para su traslado el primero de marzo. Le agradezco su atención y me despido cordialmente,

Rafael Arévalo Goicoechea
Propietario

Nombre_____ Clase_____ Fecha_____

**EJERCICIO**

Traduzca al inglés las siguientes partes de la carta modelo 4-2: saludo, texto, despedida.

_____ :

_____
_____
_____
_____
_____
_____
_____
_____
_____
_____
_____
_____
_____
_____
_____
_____
_____
_____
_____
_____
_____

_____ ,

Nombre_____ Clase_____ Fecha_____

**CARTA MODELO 4-3. RECLAMACION DE UN PAGO NO ATENDIDO**

---

ALQUILERES BAROJA
55 Grijalbo
Miami, Florida 34355
tel. (212) 332-3536    fax (212) 332-3538

January 6, 199__

Mr. Eugenio Machado
Montebello 44
San José, Costa Rica

Dear Mr. Machado:

I'm writing to inform you that your rent for the month of January is past due at this time. The terms of our contract call for a full monthly payment by the first of each month in the amount of $1,375 (U.S.). I am aware that you have just moved some of your new operations into the premises, but I must remind you that failure to comply with the terms of the contract will result in its termination within thirty (30) days. Please remit immediately the amount owed so that it reaches me no later than the 20th of this month.

Thanking you for your attention to this matter, I remain,

Sincerely,


Elizabeth Velázquez Murillo
Manager

---

**EJERCICIOS**

Traduzca al español las siguientes partes de la carta 4-3: saludo, texto, despedida.

Estimado Señor Machado:

El propósito de ésta es para informarle de que su alquiler por este mes de enero ha vencido. Los términos de nuestro contracto requisitan un pago mensualmente el primero de cada mes para la cantidad de $1.375 (US) Estoy al tanto que usted ha traslado algunos de sus nuevas operaciones al local,

Nombre _____ Clase _____ Fecha _____

Sin embargo, debo recordarle que al no cumplir con los términos del contrato, éste resultará vencido dentro de treinta días. Favor, de enviar la cantidad debida antes del 20 del presente. Le agradezco su atención quedo de Ud. atentamente

*Elizabeth Velázquez Murillo*

Elizabeth Velázquez Murillo
Gerente

Nombre_____ Clase_____ Fecha_____

## BORRADOR DE CARTA MODELO 4-4. SOLICITUD DE APLAZAMIENTO DE PAGO

¡Ojo! La siguiente carta tiene errores de tipo gramatical u ortográfico. Ud., como gerente, es la persona que firma la carta y por eso es necesario comprobar que no haya ningún error. Lea la carta cuidadosamente y después haga las correcciones directamente en el texto de la carta abajo, de modo que la versión final se pueda enviar libre de errores al destinatario.

---

25 octubre 199__

Sra. Dolores Criado Jiménez
Ronda de Bolivar No. 26
Bogotá

Estimada Sr. Criado:

   Le escribo la presente por pedirle una prórroga en el alquiler que le debo a principios del mes entrante. El caso es que el banco me a habisado que los fondos que yo esperaba tener en mi cuneta a finales del actual no estaran disponibles hasta el día cinco del mes de nobiembre. A causa de éstas circunstancias imprevistas, no le pondré enviar un cheque hasta ese mismo día. Siento muchosísimo la inconveniencia que le cause esta situación. Quiciera hacer la observación de que ésta es la primera ves, en mis tres anod de arrendador, que me hayo en tales circunstancias excepcionales do no poder pagar le devido en la fecha conbenida.

   Confío en que le será posible aceptar mi petición y se lo agradesco de antemano. Quedo de Ud. atentamente,

                                                                     Michael Hilton

---

## REDACCION DE UNA CARTA

Redacte una carta comercial en español según uno de los siguientes supuestos.

1. You have agreed to lease office space from Gerardo Santos Abascal (Hostos 32, Caracas 24, Venezuela). Santos has written a letter asking you to sign the enclosed contract by September 10. Inform him that there seems to be a mistake in the contract, as it stipulates a monthly rent of $2,200 (USA) rather than the $1,975 you thought you had agreed to on the phone.

2. Elena Garro Torrente (c/Aribau 742, San José 23, Costa Rica) has written to inform you that the building you planned to lease is ready to be occupied, as the structural repairs it needed have been completed. Thank her and inform her that your first month's lease is enclosed and that you will be moving your offices into the building immediately.

Nombre _____ Clase _____ Fecha _____

## DOCUMENTO MODELO 4-1. EL CONTRATO DE ARRENDAMIENTO

El Contrato de Arrendamiento de Fincas Urbanas consiste en dos páginas, una que representa el ejemplar para el arrendador, la otra el ejemplar para el arrendatario. Al dorso de cada página se estipulan las demás condiciones (autorización para hacer reparaciones o cambios físicos en el continente, etc.) si las hay.

---

### IDENTIFICACION DE LA FINCA OBJETO DEL CONTRATO

~~Fincas~~ local o ~~piso~~ (1) _____ cto. _____

Calle **Menédez Pelayo** núm. **26**

Ciudad **Valencia** Provincia **Valencia**

---

En **Barcelona**, a **veintidós** de **enero** de mil novecientos **noventa y siete**, reunidos Don **Pedro Gómez Pujol**, natural de **Valencia**, provincia de **Valencia**, de **42** años, de estado **soltero**, y profesión **comerciante**, vecino al presente de **Tarragona**, con documento nacional de identidad no. **37876218** expedido en **Barcelona**, con fecha **junio 1970**, en concepto de arrendatario, por sí o en nombre de _____, como _____ del mismo (1), y Don **Felipe Llull Turia** de **35** años, de estado **soltero**, vecino de **Valencia**, con documento nacional de identidad número **41189134** expedido en **Valencia**, con fecha **marzo 1956** como (2) **dueño**, hemos contratado el arrendamiento del inmueble urbano que ha sido identificado encabezando este contrato, por tiempo de (3) **doce meses**, y precio de **un millón cuatrocientas cincuenta mil** pesetas cada año, pagaderas por **meses**, con las demás condiciones se estamparán al dorso.

Formalizado así este contrato, y para que conste, le firmamos por duplicado.

EL ARRENDATARIO,                                   EL ARRENDADOR,

*Pedro Gómez Pujol*                                   *Felipe Llull Turia*

Nombre _____  Clase _____  Fecha _____

**EJERCICIO**

Complete el formulario de Contrato de Arrendamiento de Fincas Urbanas a continuación con nombres y direcciones ficticios. El contrato es por 24 meses, a un precio de cuatro millones de pesetas pagaderas por meses.

---

### IDENTIFICACION DE LA FINCA OBJETO DEL CONTRATO

Finca, (local) o piso (1) _____ cto. _____
Calle _Conti Cres._____ núm. _51_____
Ciudad _Woodbridge_____ Provincia _ON_____

En ___Woodbridge_____, a ___veintitrés_____ de ___deciembre___ de mil novecientos ___noventa y nueve___, reunidos Don ___michelle Ramírez___, natural de ___Woodbridge___, provincia de ___Ontario___, de _22_ años, de estado ___soltera___, y profesión ___comerciante___, vecino al presente de _____, con documento nacional de identidad no. _____ expedido en _____, con fecha _____, en concepto de arrendatario, por sí o en nombre de _____, como _____ del mismo (1) , y Don _____ de _____ años, de estado _____, vecino de _____, con documento nacional de identidad número _____ expedido en _____, con fecha _____ como (2) _____, hemos contratado el arrendamiento del inmueble urbano que ha sido identificado encabezando este contrato, por tiempo de (3) _____, y precio de _____ pesetas cada año, pagaderas por _____, con las demás condiciones se estamparán al dorso.

Formalizado así este contrato, y para que conste, lo firmamos por duplicado.

EL ARRENDATARIO,                    EL ARRENDADOR,

_____                      _____

Nombre_____ Clase_____ Fecha_____

**DOCUMENTO MODELO 4-2A. LA POLIZA DE SEGURO**

**A. Anuncio de riesgos asegurados por una póliza**

**MUTUA DE SEGUROS GENERALES**

*Una sola póliza cubre todos los riesgos de su industria o taller, con mayor ahorro y control.*

Consulte a su agente o remita el cupón adjunto. (Enviar en sobre a FIATC; Mutua de Seguros Generales. C/. Bailén, 71, bis., 08009 Barcelona o a cualquiera de sus sucursales o agencias).

Mayor ahorro, porque al ser una sola póliza se aplican bonificaciones en el precio y reducción en impuestos.

Mayor control, porque al ser una sola póliza Vd. sabe en todo momento qué le cuesta el seguro.

RIESGOS ASEGURADOS POR COBERPLAN-FIATC

Coberplan-FIATC, en una sola póliza puede asegurarle contra
- Incendio y todos sus derivados.
- Responsabilidad Civil de todo tipo.
- Robo y Expoliación.
- Pérdida de beneficios por incendio.
- Accidentes personales.
- Daños causados por aguas.
- Roturas de vidrios y cristales.
- Avería de equipos electrónicos.
- Etc...

COBERPLAN-FIATC es ahorro respecto sus costos actuales en seguros.
COBERPLAN-FIATC es un seguro moderno creado por una entidad moderna.

Sres, deseo recibir más amplia información de su COBERPLAN para industrias y talleres.

Nombre_____ Cargo_____
Empresa_____ Actividad_____
Dirección_____ D.P._____ Tel._____
Población_____ Provincia_____

Nombre_____ Clase_____ Fecha_____

**4-2B. Extractos de pólizas de seguro contra incendio**

**FIATC**

* RAMO: INCENDIOS
* POLIZA NO.: 2246
* HOJA NO.: 26
* AGENTE: 50

ANEXO A LAS CONDICIONES PARTICULARES

CARACTERISTICAS DEL RIESGO SEGUN DECLARACIONES DEL TOMADOR DEL SEGURO

1.- ACTIVIDAD DEL ESTABLECIEMIENTO: pisos, vivienda y restaurante

2.- OCUPA TODO EL EDIFICIO O SOLO PARTE: los bajos se destinan a restaurante y los dos pisos en alto a viviendas particulares

3.- CLASE DE CONSTRUCCION DEL EDIFICIO: Materiales sólidos y difícilmente combustible (piedra y/o ladrillo, arena, cemento, yeso u otros de similar naturaleza y reacción frente al fuego, el agua, el humo y otros elementos).

4.- TIPO DE CUBIERTA DEL EDIFICIO: Terrado y/o tejas o materiales similares

5.- OTRAS CIRCUNSTANCIAS: ----------

6.- SITUACION: PZA, ANGEL SANTOS 4 - VALENCIA

| ARTS. BIENES ASEGURADOS | CANT. ASEG. | TASA% | PRIMA PTAS. |
|---|---|---|---|
| 1.- EDIFICIO (según concepto definido en el núm. 13 del Art. Preliminar de las Condiciones Generales de la póliza..... | 18.000.000,- | 1,15 | 20.700,- |
| RIESGOS OPCIONALES PACTADOS EXPRESAMENTE: A.- GASTOS POR LAS MEDIDAS NECESARIAS ADOPTADAS POR LA AUTORIDAD O EL ASEGURADO PARA CORTAR O EXTINGUIR EL INCENDIO O IMPEDIR SU PROPAGACION, queda establecida la presente garantía de acuerdo con el concepto definido en el Epígrafe núm. 13 del Clausulado Anexo............................ | 100.000,- | 3 | 300,- |
| Totales................................................... | 18.100.000,- | | 21.000,- |

Nombre _____  Clase _____  Fecha _____

**4-2C. Extractos de solicitud de Seguro Combinado para Comercios**

---

**FIATC** — MUTUA DE SEGUROS GENERALES

## SOLICITUD DE SEGURO COMBINADO PARA COMERCIOS

Efecto del seguro: _____  Duración: *un año*  Agente: *50*  No.: *2237*

SOLICITANTE: *María Elena Santaló*   QUE ACTUA COMO: *Propietaria*

DOMICILIO: *c/Muntaner - 1º 1ª*   POBLACION: *Barcelona*

ASEGURADO: *María Elena Santaló*

BENEFICIARO DEL SEGURO: *María Elena Santaló*

**PARTICULARIDADES DEL ESTABLECIMIENTO A ASEGURAR:**

1.- ACTIVIDADES: *Panadería*
2.- SITUACION: Calle/plaza *c/Muntaner - 1º 1ª*
    Población *Barcelona*
    ¿Existe Parque de Bomberos Público con servicio permanente?  *X* Sí
    (con plantilla mínima de 4 profesionales y 1 coche autobomba)  ___ No
3.- CAPITALES A SEGURAR:: CONTINENTE *12.000.000* Ptas.   CONTENIDO *8.600.000* Ptas.
4.- COBERTURAS SOLICITADAS.
    GARANTIAS BASICAS (Incendio, Exposión, Caída del rayo y sus consecuencias directas) *X* Sí ___ No
5.- REVALORIZACION AUTOMATICA DE CAPITALES  *X* Sí ___ No
6.- FORMA DE PAGO DE LAS PRIMAS:  *X* ANUAL   ___ SEMESTRAL

---

**DATOS COMPLEMENTARIOS:**

¿Ha sufrido el proponente algun siniestro que afecte a las coberturas solicitadas sobre los objetos a asegurar?
___ Sí   *X* No

En caso afirmativo.

Entidad Aseguradora:
Importe de los daños o pérdidas:          IMPORTE INDEMNIZACION:
Medidas adoptadas para evitar la repetición:

**OTROS SEGUROS:**

¿Están ya asegurados los bienes cuyo seguro se solicita? ___ Sí  *X* No   En caso afirmativo. detállense entidad Aseguradora, número de contrato, bienes asegurados y capital garantizado:
Entidad Aseguradora:

**ACLARACIONES/OBSERVACIONES:**

*Barcelona* , *3* de *abril* de 199 ___

EL SOLICITANTE-TOMADOR DEL SEGURO,

*María Elena Santaló*

Nombre_____ Clase_____ Fecha_____

PARA EL SEGURO DE INCENDIOS Y MULTIRRIESGO

1. Clase de construcción del edificio:
   Materiales      Estructura                    *cemento, ladrillo, aluminio*
   empleados       Cerramientos laterales
   en              Cubierta

2. Número de plantas que componen el edificio (incluidas plantas sótanos y bajos)     *uno*

3. Actividad que se desarolla en cada planta
   *Panadería*

4. Volumen ocupado por la industria a asegurar respecto del total edificio     *25%*

5. Presente de mercancías peligrosas (combustibles, enflamables, explosivas, corrosivas, etc.), indicando clase, cantidad, uso a que se destinan, tipo de recipientes y su situación:
   *Ninguna*

6. Presencia de fuerza eléctrica motriz. Núm. de motores     *Dos*

7. Otras instalaciones:     ___ Calderas     ___ Compresores     ___ Climatización

8. Secciones complementarias:
   *Tiendas aparatos electrodomésticos–vecino*

9. Actividad de los negocios colindantes y/o próximos (indicar distancia en riesgos próximos)
   *Venta y reparación aparatos electrodomésticos–colindante*

10. Presencia de medios de prevención y extinción de incendios:
    Detectores automáticos de incendios     _x_ Sí  ___ No     ¿Cuántos?  *Cuatro*
    Pararrayos en el edificio     _x_ Sí  ___ No
    Extintores     _x_ Sí  ___ No
    Bocas de agua en interior local equipadas contra incendios  _x_ Sí  ___ No
         ¿Cuántas?  *Dos*
    Hidrantes al exterior     ___ Sí  _x_ No   ¿Cuántos?
    Distancia del Parque de Bomberos más próximo     *3*  Km.

11. Todas las instalaciones mencionadas en el presente cuestionario, ¿cumplen los requisitos legales reglamentarios?     _x_ Sí  ___ No

12. Puertas, ventanas y otras aberturas en las paredes y/o techos del edificio (descríbase ampliamente su emplazamiento, material, clase de cerraduras, etc.)
    *Una puerta de madera gruesa con dos cerrojos metálicos; una ventana de vidrio con persiana*

13. Protección del establecimiento en horas de inactividad:     *Dispositivo antirrobo*

14. Alarmas/Vigilancia privada permanente     *Una alarma–dispositivo antirrobo*

15. Objetos especiales a asegurar (máquinas de oficina, ordenadores, etc.)
    RELACION DETALLADA Y VALORES DE CADA OBJETO:
    *Ninguno*

Nombre _____  Clase _____  Fecha _____

## DOCUMENTO MODELO 4-3.  LA LETRA DE CAMBIO

La letra de cambio es un instrumento de pago usado en muchos países hispanoparlantes. Es un título de crédito por el cual una persona (1, *el librador*) le exige a otra (2, *librado*) que le pague a una tercera persona (3, *el tomador*) determinada cantidad de dinero en un tiempo y lugar convenidos. La fecha y el lugar se indican en el documento.

Respecto a la fecha o el plazo de tiempo, las letras pueden extenderse pagaderas *a la vista* o *a plazo*. El término *pagadera a la vista* quiere decir que la letra es pagadera al presentarse. Si no se indica fecha de pago, se entiende que debe ser pagada a presentación. *Plazo* es el tiempo que se le da a uno para cumplir con el pago. El plazo de tiempo puede ser varios días o varios meses. Se especifica el plazo extendido aún más con las expresiones *días vista (meses vista)* o *días fecha (meses fecha)*. Es decir, *treinta días vista* quiere decir que debe ser pagada treinta días después de haber sido vista o aceptada por el librado. Si es *quince días fecha*, debe ser pagada al vencerse un plazo de 15 días a contar desde la fecha en que fue librada la letra originalmente. El cumplimiento del plazo de una letra se llama *vencimiento*. Se dice que la letra está *vencida* cuando ha terminado su plazo.

| Documento | (1) Librador | (2) Librado | (3) Tomador |
|---|---|---|---|
| Cheque | Cuenta-correntista | Banco del cuenta-correntista | Persona o entidad autorizada para cobrar el importe indicado |
| Letra de cambio | Persona o entidad que autoriza el pago de la letra | Persona o entidad que acepta pagar el importe indicado | Persona o entidad autorizada para cobrar el importe indicado |

En la letra abajo, Gómez Export (el librador) le exige al Banco de Barcelona (librado) que le pague 7.760 pesetas a Editorial Misiva (tomador) a treinta (30) días fecha (es decir, el 28 de marzo).

### MODELO DE LETRA DE CAMBIO

```
Barcelona  Lugar de libramiento                    Importe    7.760 ptas.
Fecha de libramiento  28 febrero 1997    Vencimiento  28 marzo 1997
Por esta LETRA DE CAMBIO pagará usted al vencimiento expresado a
                                          Editorial Misiva, S.A.
la cantidad de   siete mil setecientas sesenta pesetas
el el domicilio de pago siguiente:                            C. C. C.
PERSONA O ENTIDAD  Banco de Barcelona                         D. C.
DIRECCION          c/ Constitución, 106
                   08203 Barcelona      Núm. de cuenta  4231
Cláusulas

Nombre y domicilio del librado        Firma, nombre y domicilio del librador
Banco de Barcelona                    GOMEZ EXPORT, S.A.
c/ Consitución, 106                   Diagonal, 447.
Barcelona 32                          Barcelona 12
```

(left margin: Acepto | firmado/librado | Cantidad, vencimiento y domicilio)

Nombre_____ Clase_____ Fecha_____

**EJERCICIO**

Complete la letra de cambio a continuación según el siguiente supuesto:

> Lugar de libramiento: Zaragoza
> Librador: Martínez Serna, S.A., Avenida Azul, 310, Barcelona 20
> Librado: Carmen Balboa Ramírez, Calle sur, 409, Málaga 3
> Importe: 22.875 ptas.
> Fecha de libramiento: 15 septiembre 199_
> Fecha de vencimiento: 15 noviembre 199_
> Tomador: Enrique María Martinez

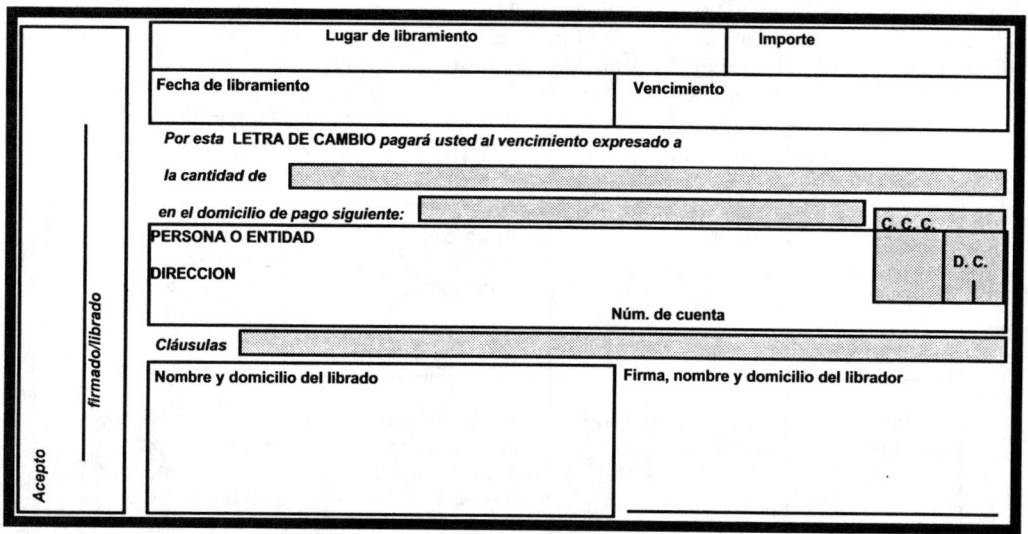

**Problema numérico-comercial 4-1.**

La compañía «Transportes Agros, S.A.», para la cual trabaja Ud., busca un sitio para montar una nueva fábrica que vende repuestos de máquinas agrícolas. Ud. tiene la responsabilidad de determinar la eficacia de alquilar o comprar el edificio que se ha encontrado no muy lejos de San José. Aunque los trámites de compra son legalmente un poco complicados, a Ud. y a la compañía les preocupa en especial el costo. Si se alquila el edificio, se tendrá que pagar un millón de colones costarricenses mensuales el primer año con aumentos de 5% cada año después. Si se compra el edificio, se tendrá que pagar 200 millones de colones. La compañía sólo tiene la mitad del capital necesario para realizar el pago inicial y se ve obligada a conseguir una hipoteca cuyo interés anual simple es del 13%. Además, de momento, si optan por comprar el edificio, Ud. y la compañía no quieren pagar más que el interés, es decir, no piensan pagar nada del importe restante.

Haga los siguientes ejercicios:

(1) ¿Cuánto habrá pagado la compañía en alquiler el primer año? ¿el segundo año?

(2) ¿Cuánto habrá pagado la compañía de pago incial e interés simple después de 2 años?

(3) ¿Qué resultará más eficaz hacer a corto plazo, alquilar o comprar? ¿a largo plazo, o sea, después de 20 años? Explique.

Nombre _____  Clase _____  Fecha _____

# La oficina:  Equipo y sistemas

**CAPITULO 5**

## PREGUNTAS DE ORIENTACION

**Al hacer la lectura, piense Ud. en las respuestas a las siguientes preguntas.**

- ¿Cuál es la diferencia entre las comunicaciones internas y las externas en cualquier oficina?
- ¿Cuáles son algunos ejemplos de las cartas rutinarias?
- ¿Qué es una carta de acuse de recibo de correspondencia y cuáles son algunos de sus requisitos?
- ¿Cuáles son algunos ejemplos de la carta informativa?

## BREVE VOCABULARIO UTIL

**antedicho**  *aforementioned*
**dirección**  *address*
**esperar verlo**  *to look forward to seeing you*
**nos es grato**  *it's our pleasure*
**trasladarse**  *to move (change address)*
**volver a llamar**  *to call back*

## LECTURA

### La carta rutinaria

En cada oficina, además de las comunicaciones internas escritas a los empleados, existen las externas que se escriben a personas individuales o jurídicas fuera de la empresa. El gerente necesita revisar esta correspondencia y tomar las decisiones necesarias para planear, organizar, motivar y controlar las actividades empresariales basadas en las comunicaciones recibidas. En muchos casos, estas cartas son rutinarias. Por ejemplo, hay que confirmar el recibo de información, la cual puede llegar por medio de conversaciones telefónicas o personales u otros sistemas de equipo como cables, telegramas, télex, fax o correo electrónico. También es importante comunicar los cambios de dirección, de números de teléfono, etc. Para hacer todo esto, hay que seguir los requisitos de la carta comercial.

**Carta de acuse de recibo de correspondencia**

En el mundo de los negocios es necesario comunicar el acuse de recibo de correspondencia e indicarle

Nombre _____ Clase _____ Fecha _____

al remitente las acciones que se tomarán con respecto al contenido de su carta. Las cartas recibidas se diferencian según el tipo de empresa: en un banco puede haber solicitudes de crédito y cuestiones rutinarias sobre el saldo de una cuenta; en una empresa comercial, solicitudes de catálogos o cotización de precios, pedidos de mercancías o servicios, pagos u otras comunicaciones sobre distintos aspectos del marketing.

Al redactar estas cartas, el gerente debe incluir, además de los elementos usuales, los siguientes aspectos:

- Noticias o referencias con respecto a la carta ya recibida
- Acciones que se tomarán

**Carta informativa**

Muchas veces el gerente necesita comunicar alguna información a los clientes, empleados, oficinas gubernamentales o proveedores. Algunos ejemplos de la carta informativa son los siguientes: la apertura de un negocio, un cambio de precios, cambios de personal y cambios de dirección. Muchas veces el éxito comercial depende de la clara y oportuna comunicación de estos detalles.

**¿QUE SABE UD. DE LA CARTA RUTINARIA?** Vuelva Ud. a las preguntas de orientación que se hicieron al principio del capítulo y ahora contéstelas en oraciones completas en español.

1. _____
   _____
   _____

2. _____
   _____
   _____

3. _____
   _____
   _____

4. _____
   _____
   _____

Nombre_____ Clase_____ Fecha_____

**CARTA MODELO 5-1. ACUSE DE RECIBO DE CORRESPONDENCIA**

Lea la siguiente carta y haga los ejercicios a continuación.

---

**BANCO UNION COLOMBIANO**
Calle 23-13-14
Bogotá, Colombia

8 de octubre de 199__

Sr. Benito Suárez Pumarejo
Calle de los Andes 46
Bogotá.

Estimado Sr. Suárez:

<u>Acuso</u> recibo de su <u>atenta</u> carta del 3 de este mes en la cual Ud. menciona la necesidad de recibir más información sobre el saldo actual de su cuenta corriente No. 001602750. Le <u>adjunto</u> una copia del cheque No. 450 que, según los datos que Ud. me <u>proporcionó</u> con su carta de solicitud, no se incluyó en la lista de cheques que Ud. nos había mandado. Le sugiero que <u>repase</u> los documentos que tiene, y si todavía hay <u>diferencia</u> entre sus <u>números</u> y las nuestras, le <u>suplico</u> haga el favor de pasar por nuestra <u>sucursal</u> en la Calle 23-13-14.

<u>Le agradezco de antemano</u> por su cooperación en este asunto y le saludo cordialmente,

BANCO UNION COLOMBIANO

Mario Hurtado Gómez
Asistente al Vice-Presidente

Anexo: 1 fotocopia del cheque No. 450

---

**EJERCICIOS**

1. Dé un sinónimo de las siguientes palabras o frases, usando las que están subrayadas en la carta 5-1 y otras que Ud. conozca.

   a. anexo _____
   b. ruego _____
   c. cifras _____
   d. le anticipo las gracias _____
   _____
   e. revise _____

   g. indicó _____
   h. le comunico _____
   i. disparidad _____
   j. oficina _____
   k. respetuosa _____

Nombre _____ Clase _____ Fecha _____

2. Vuelva a escribir la carta 5-1, reemplazando las palabras subrayadas en la carta con las del ejercicio anterior. Haga todos los demás cambios que resulten necesarios.

_____
_____
_____
_____
_____
_____
_____
_____
_____
_____
_____
_____
_____

**CARTA MODELO 5-2. ACUSE DE RECIBO DE CORRESPONDENCIA**

---

Sr. Juan Escribano Duque
Calle Junín 15
Bucaramanga, Colombia

Estimado Sr. Escribano:

Acuso recibo de su atenta carta del 7 del actual en la cual Ud. pide la lista de precios para el año corriente. Por correo aparte le envío la lista deseada e incluyo nuestro catálogo del año pasado. Cuando salga nuestro nuevo catálogo a fines de este mes, también se lo enviaremos.

Espero poder atenderle en un próximo futuro y espero cumplir con sus pedidos tan pronto como sea posible.

Atentamente,

EMPRESAS GLOBALES, S.A.

Paco Pérez Gautier
Director de Marketing

Nombre_____ Clase_____ Fecha_____

**EJERCICIO**

Traduzca al inglés las siguientes partes de la carta modelo 5-2: saludo, texto, despedida.

_____ :

_____ ,

Nombre_____ Clase_____ Fecha_____

**CARTA MODELO 5-3. CAMBIO DE DIRECCION**

---

Holt, Rinehart and Winston, Inc.
Suite 3700, 301 Commerce Street
Fort Worth, Texas 76102
817-667-8900

February 27, 199_

Dr. Paul Fernández
133 Fairview Drive
Chicago, Illinois

Dear Dr. Fernández:

It is our pleasure to inform you that, effective March 10, the corporate offices of Holt, Rinehart and Winston will be moved from New York to the new address indicated in the letterhead above.

All future correspondence should be directed to the new address. I look forward with great pleasure to working with you on your writing project. If you have any questions, please write or call me at the new phone number in Fort Worth.

Sincerely,


John Hughes
Senior Acquisitions Editor
Foreign Languages

cc: Allan Beazley, Developmental Editor

---

**EJERCICIO**

Traduzca al español las siguientes partes de la carta 5-3: saludo, texto, despedida.

_____:

_____
_____
_____
_____
_____

Nombre_____ Clase_____ Fecha_____

Nombre_____ Clase_____ Fecha_____

**BORRADOR DE CARTA MODELO 5-4. CARTA DE CAMBIO DE DOMICILIO**

¡Ojo! La siguiente carta tiene errores de tipo gramatical u ortográfico. Ud., como gerente, es la persona que firma la carta y por eso es necesario comprobar que no haya ningún error. Lea la carta cuidadosamente y después haga las correcciones directamente en el texto de la carta abajo, de modo que la versión final se pueda enviar libre de errores al destinatario.

MANUFACTURERAS DE MERCADERIAS
MUNDIALES
M M M
Calle de las Américas 690
Santo Domingo, República Dominicana
Teléfono: 566-9131

23 de noviembre de 199__

Pedro Gómez Henares
Jefe de Compras
Distribuidores Unidos
Apartado 199-2
Santo Domingo, República Dominicana

Estimadas señores:

Me permitís infomarles a nuestros clientes que, despúes del quince entrante, del mes la sra. María Cristina Ramirez ocupará el puesto de gerente general de esta empresa y que ella tendrá su ofinica en las señas inducadas en el encabesamiento de esta misiva. Esa dirección representa un cambio en la ubicación de nuestra compania y un ascenso para la Sra. Ramirez. Le rogamos envien su comunicaciones sobre los trámites de los asuntos comerciales de esta empresa a la oficina sobredicha.

De. Uds. muy atentamente,

MANUFACTURERAS DE MERCADERIAS


James McDermott
President

Nombre_____ Clase_____ Fecha_____

**REDACCION DE UNA CARTA**

Redacte una carta comercial en español según uno de los siguientes supuestos.

1. Your branch office of **Bicicletas Sin Límite** of Carrera 20-13-18, Bogotá, Colombia, has just received an insistent second letter requesting the following order:

    2 bicycles/Model 43X
    red frame *(cuadro)*

    As marketing manager, you are aware that the order was placed more than five weeks ago. After checking with the shipping department, you realize that the bicycles have not yet been sent. In your letter, inform the customer, Jaime Uribe Mendoza (Calle de Flores 15, Río Negro, Colombia), that you personally will keep on top of the status of the order, check on the request personally, and call him back as soon as you know when the order can be shipped. Apologize for the delay before closing the letter.

2. Using the previous addresses, inform the customer that you were waiting to ship the bikes since there has been a delay in production. The price has now changed from 140.000 Colombian pesos to 146.300 pesos. Ask whether you should ship the bikes or whether he wants to change the order. Inform him that it is possible to phone in the order at the number listed in the letterhead.

Nombre _____ Clase _____ Fecha _____

**DOCUMENTOS RUTINARIOS DE LA OFICINA**

Los documentos rutinarios de la oficina son, por lo general, comunicaciones breves que facilitan la gestión de las tareas diarias. Los más comunes son los siguientes: el recado personal que indica la llamada telefónica recibida por otra persona, los mensajes o memorandos entre departamentos, los télex, los giros y los telegramas. Estos son documentos de uso consuetudinario, es decir, de uso común.

**DOCUMENTO MODELO 5-1. RECADO PERSONAL**

| | |
|---|---|
| Día *18 de mayo* | Hora *10:20 a.m.* |
| Don *Tomás B. de la Sartén* | |
| ESTANDO VD. AUSENTE: | [x] Le llamó |
| | [ ] Vino a verle/la |
| Don *Enrique Martín* | |
| de *Agencia Martín* | |
| Teléf. *426-1313* | |
| [ ] Que le llamaría luego | h. _____ |
| [x] Que le llame Vd. | h. *4:30* |
| [ ] Que vendrá | h. _____ |
| [ ] Que vaya Vd. a verlo/la | h. _____ |
| [ ] Que es muy urgente | |
| ASUNTO: *El terreno en la costa* | |
| **Recibido por:** *Felisa Taronjí* | |

Nombre _____  Clase _____  Fecha _____

## EJERCICIO. RECADO PERSONAL PARA COMPLETAR

**Supuesto**. Cuando su colega, María Delgada, estaba fuera de la oficina para almorzar, un cliente, Geraldo Rodríguez, la llamó por teléfono para pedir los precios actuales de unos efectos de oficina. Ella no estará en su oficina esta tarde. El mensaje es urgente. Escríbale el recado en el formulario a continuación.

---

Día _____ Hora _____

Don _____

ESTANDO VD. AUSENTE:   ☐ Le llamó

☐ Vino a verle/la

Don _____

de _____

Teléf. _____

☐ Que le llamaría luego   h. _____

☐ Que le llamo Vd.   h.

☐ Que vendrá   h. _____

☐ Que vaya Vd. a verlo/la   h. _____

☐ Que es muy urgente

ASUNTO: _____
_____
_____
_____

**Recibido por:** _____

Nombre_____ Clase_____ Fecha_____

**DOCUMENTO MODELO 5-2. Correo Electrónico**

---

**Correo electrónico**　　　　　　　　　　　　　**« «Enviando mensaje» »**

**Dé entrada a su mensaje a continuación**

**FECHA:** 12 de febrero de 199__

**DE:** Miguel Pérez/ Gran Via #14/ Buenos Aires, Argentina

**ASUNTO:** Llegada de mercancías

**A:** Elena Osorio Gómez/ Central 42/ Madrid, España

Las mercancías llegaron en buen estado. Falta el pedido No. 226 y lo necesito para el viernes. Le ruego confirmación de este mensaje.

---

**EJERCICIOS**

Lea el siguiente supuesto y dé entrada a su mensaje. Ud. está en Guadalajara, México y necesita comunicarse por correo electrónico con su casa matriz en Nueva York. Su contacto en Nueva York es Paul Carter, 911 Fifth Avenue, N.Y. Es importante que Ud. se comunique hoy con él para confirmar una cita con el presidente de Ectofirm el viernes de la semana próxima. Deje su dirección en México, su número de teléfono y su número de facsímil para que Carter pueda comunicarse con Ud.

---

**Correo electrónico  90. 01. 01**　　　　　　**« «Enviando mensaje» »**

**Dé entrada a su mensaje a continuación**　　　Línea 6 de 19

**FECHA:**

**DE:**

**ASUNTO:**

**A:**

Nombre_____  Clase_____  Fecha_____

**Problema numérico-comercial 5-1.**

La oficina en la cual Ud. trabaja tiene que hacer un pedido para los siguientes efectos de escritorio:

| MERCANCIA | PRECIO UNITARIO | PRECIO TOTAL |
|---|---|---|
| 10 cajas de sobres | $25,00 | |
| 2 cajas de presillas | 10,00 | |
| 4 cajas de gomas elásticas | 12,50 | |
| 2 cajas de grapas | 7,50 | |
| 6 cajas de papel blanco | 22,50 | |
| 2 cajas de bolígrafos negros | 20,00 | |

La compañía que vende estas mercancías suele darles un descuento del 10% a los compradores quienes efectúan el pago dentro de un plazo de 30 días; si no, cobra el importe total, más una tasa de castigo (*penalty*) del 5% para los pagos que se demoran de 31 a 35 días y del 7,5% si se demoran de 36-45 días.

Haga los siguientes ejercicios:

(1) Complete la columna del precio total por artículo y luego el gran total.

(2) Si su compañía paga dentro del plazo indicado, ¿cuánto pagará en total?

(3) Si su compañía no paga hasta después de 37 días, ¿cuánto será el importe total debido?

**INFORME PERSONAL**

El/la presidente/a de la empresa donde Ud. trabaja le pide a Ud. una descripción de cómo le gustaría su oficina nueva (la oficina de sus sueños) en el nuevo edificio que se está construyendo. Redacte una breve descripción de la oficina que le gustaría tener. Debe ser una oficina ideal porque ésta es la única oportunidad que tendrá de conseguir exactamente lo que desea.

Nombre _____  Clase _____  Fecha _____

# CAPITULO 6

# Recursos humanos y las relaciones laborales

## PREGUNTAS DE ORIENTACION

**Al hacer la lectura, piense Ud. en las respuestas a las siguientes preguntas.**

- ¿Quién es el encargado de personal y cuáles son sus principales responsabilidades?
- Al contratar a candidatos, ¿qué tipos de correspondencia tiene que escribir el director de personal?
- ¿Cuáles son algunos ejemplos de una carta rutinaria en la oficina de personal?
- ¿Qué debe incluirse en la solicitud de empleo que se manda a una oficina de personal?
- ¿Quién redacta la carta de petición de informes? ¿la carta de referencia?

## BREVE VOCABULARIO UTIL

**anuncio**  *announcement*
**agradarle a uno**  *to be pleasing to*
**aspirante (m/f)**  *candidate (for a job)*
**cargo**  *job*
**carta de referencia**  *reference letter, letter of recommendation*
**currículum vitae (m)**  *curriculum vitae, résumé (also resumé, resume)*
**cursos de capacitación**  *on-the-job training*
**entrevistar**  *to interview*
**expediente personal**  *résumé (also resumé, resume), dossier, vita, curriculum vitae*
**hacer el favor de**  *to please (do something)*
**historial personal (m)**  *résumé (also resumé, resume), dossier, vita, curriculum vitae*
**hoja de vida**  *résumé (also resumé, resume), dossier, vida, curriculum vitae*
**informe (m)**  *report*
**persona idónea para el puesto**  *the right person for the job*
**puesto**  *job, post*
**solicitud de empleo**  *employment application*

Nombre _____ Clase _____ Fecha _____

## LECTURA

### Las comunicaciones del director de personal

El director de personal o de recursos humanos es el encargado de evaluar las necesidades humanas de la firma, reclutar a la gente más capacitada, revisar las solicitudes de trabajo recibidas, contratar a la persona más idónea para cada puesto, adiestrar u orientar a los recién contratados (ofrecerles cursos de capacitación) y evaluarlos. El que tenga esta responsabilidad recibe y redacta una gran variedad de correspondencia. Quizás su tarea más importante sea la contratación de los candidatos más aptos. Para hacerlo eficazmente, el director anuncia el puesto vacante, recibe las solicitudes de empleo y las contesta. Luego se suelen pedir el currículo o historial personal, informes y cartas de referencia de todos los candidatos. En muchos casos, las cartas son rutinarias que siguen todas las normas de la carta comercial.

**Anuncio de un puesto vacante**

Frecuentemente una carta circular se utiliza para comunicarse con las mejores fuentes de candidatos. El director de personal tiene contactos personales o utiliza los servicios de agencias profesionales dedicadas al reclutamiento de personal. Se usa la computadora para archivar la lista de candidatos para un puesto. El anuncio del puesto vacante debe incluir los siguientes datos: el título del puesto y una descripción de las responsabilidades, la fecha para el cierre de la búsqueda, la fecha para emprender el puesto, el sueldo y los requisitos para la contratación. En los EE.UU., debido a las leyes vigentes, se incluye una cláusula de renuncia de responsabilidad contra la discriminación por sexo, raza, origen nacional, religión o edad.

**Carta de solicitud de empleo - contestación a la solicitud de empleo**

Al leer el anuncio de puestos vacantes, los candidatos mandan una carta a la empresa que ofrece el empleo. La carta de solicitud de empleo es rutinaria e incluye los elementos usuales. Además, el candidato hará lo siguiente:

- Mencionar el puesto específico que solicita, puesto que puede haber otros que también se anuncian
- Indicar la fuente de información por la cual se informó del puesto anunciado
- Identificarse brevemente e incluir el currículum vitae y/o los nombres de posibles referencias
- Expresar la esperanza de una decisión rápida y favorable

El director de personal, al recibir la carta de solicitud de empleo y/o el currículum vitae, los archiva y luego redacta una carta de contestación al solicitante acusando recibo de los datos e indicando las posibilidades futuras para una entrevista, etc.

**Carta de Petición de informes - carta de referencia**

El director de personal revisa las cartas de solicitud y los expedientes personales recibidos. Después, selecciona a los candidatos más cualificados para el puesto vacante por medio de un plan establecido de antemano. Si el currículum vitae no está incluido ya, se solicitan los informes y/o las cartas de referencia. Para pedirlos, el director redacta una carta que incluye todos los elementos usuales, además de los siguientes:

- Identificar al candidato y a la empresa que pide los datos
- Explicar la necesidad de recibir los datos
- Asegurar la discreción en el uso de los datos
- Agradecer la ayuda proporcionada

Nombre_____ Clase_____ Fecha_____

La carta de referencia quizás sea la correspondencia más típica de todas. Se archiva con los otros documentos que acompañan a la solicitud de empleo de cada candidato. Luego se utiliza para verificar los otros datos o para clarificar cualquier duda en los datos originales.

**¿QUE SABE UD. DE LAS CARTAS RELACIONADAS CON EL PERSONAL?**. Vuelva a las preguntas de orientación que se hicieron al principio del capítulo y ahora contéstelas en oraciones completas en español.

1. _____
_____
_____

2. _____
_____
_____

3. _____
_____
_____

4. _____
_____
_____

5. _____
_____
_____

Nombre_____ Clase_____ Fecha_____

**CARTA MODELO 6-1. ANUNCIO DE UN PUESTO VACANTE**

Lea la siguiente carta y haga los ejercicios a continuación.

---

Palmas-Comotores
Avenida de los Andes
Cali, Colombia

16 de julio de 199__

Srta. Ana María de Cristóbal
Calle Puntarenas 311
San José, Costa Rica
América Central

Estimada Srta. de Cristóbal:

Como Director de Recursos Humanos de la multinacional Palmas-Comotores, S.A., <u>me agrada</u> informarle de varios <u>cargos</u> vacantes en la sucursal de nuestra <u>empresa</u> de Cali, Colombia. Buscamos un gerente general de contabilidad y un subgerente de marketing. Haremos las entrevistas durante el mes de septiembre y los puestos nuevos <u>comenzarán</u> el 1 de octubre. Ambos puestos requieren cinco años de experiencia en puestos administrativos y llevan un sueldo apropiado al nivel de las cualificaciones y la experiencia. Los interesados deben <u>mandar</u> el <u>expediente personal</u> y sus referencias a la dirección <u>sobredicha</u> antes del primero de septiembre.

Le agradezco de antemano por su atención y quedo de Ud.,

<u>Su seguro servidor</u>,

PALMAS COMOTORES, S.A.


Rogelio Benavente
Director de Recursos Humanos

---

**EJERCICIOS**

1. Dé un sinónimo de las siguientes palabras, usando las que están subrayadas en la carta modelo 6-1 y otras que Ud. conozca.

   a. antedicha  _sobredicha_
   b. dirigir  _mandar_
   c. se iniciarán  _comenzarán_
   d. currículum vitae  _expediente personal_

   e. firma  _empresa_
   f. puestos  _cargos_
   g. me place  _me agrada_
   h. Muy atentamente  _Su seguro servidor_

Nombre_____ Clase_____ Fecha_____

2. Vuelva a escribir el texto de la carta 6-1, reemplazando las palabras subrayadas en la carta con las del ejercicio anterior. Haga todos los demás cambios que resulten necesarios.

Nombre_____ Clase_____ Fecha_____

**CARTA MODELO 6-2. CONTESTACION A LA SOLICITUD DE EMPLEO**

---

18 de marzo de 199__

Robert Aviles
300 Sharecropper Road
Tallahassee, FL 44534

Estimado Sr. Aviles:

Me place comunicarle que hemos recibido su atenta del 25 del mes pasado en la que Ud. pide más información sobre el puesto de gerente del Departamento de Contabilidad.

Después de haber revisado su expediente personal, hemos decidido ofrecerle la oportunidad de entrevistarse con nuestra firma durante las próximas dos semanas. Le agradeceríamos el favor de llamarnos al número 555-6971 durante las horas laborales de 8:00 a.m. a 5:00 p.m. para confirmar una cita.

Le agradezco su interés en nuestra compañía.

Quedo de Ud. atentamente,

TELECOMUNICACIONES Y MAS


Rosaura Gaitán
Directora de Personal

---

**EJERCICIO**

Traduzca al inglés las siguientes partes de la carta modelo 6-2: saludo, texto, despedida.

_____ :

_____
_____
_____
_____
_____
_____

Nombre_____    Clase_____    Fecha_____

_____
_____
_____
_____
_____
_____
_____
_____
_____
_____
_____

**CARTA MODELO 6-3. SOLICITUD DE EMPLEO**

---

April 19, 199__

Telecommunications Plus
345 Northwalk Drive
New York, NY 10001

Dear Sirs:

Let me take this opportunity to forward you a copy of my résumé in application for the position of Manager of the Accounting Department which I saw advertised last week in the <u>New York Times</u>. I am presently employed in a similar position with a comparable firm in another part of the country and I would like to secure a new position in the New York area because of my knowledge of Spanish and its potential for use in the Caribbean and the expanding European Union.

If you find my credentials acceptable for consideration, you may contact me at the address or the phone numbers listed in the attached resume.

Thanking you very much in advance for your kind attention to this matter, I remain

Sincerely,


Robert Guzmán

enc: Resume

Nombre_____ Clase_____ Fecha_____

**EJERCICIOS**

Traduzca al español las siguientes partes de la carta 6-3: saludo, texto, despedida.

_____ :

_____
_____
_____
_____
_____
_____
_____
_____
_____
_____
_____
_____
_____
_____
_____
_____
_____
_____
_____
_____

_____ ,

Nombre_____ Clase_____ Fecha_____

## BORRADOR DE CARTA MODELO 6-4. CONTESTACIÓN A LA SOLICITUD DE EMPLEO

¡Ojo! La siguiente carta tiene errores de tipo gramatical u ortográfico. Ud., como gerente, es la persona que firma la carta y por eso es necesario comprobar que no haya ningún error. Lea la carta cuidadosamente y después haga las correcciones directamente en el texto de la carta abajo, de modo que la versión final se pueda enviar libre de errores al destinatario.

---

El Farmacéutico Contento
Calle Sonriente 113
Bucaramanga, Colombia

19 de octubre de 199_

Héctor Ochoa Álvarez
Calle Principal 35
Bucaramanga, Colombia

Estimado Señor Achoa:

Recibimos su atenta carta del 14 del mes actual y en ella Ud. me ofrece sus servisios de Agente Exclusivo de nuestros productos farmacéuticos en el Departamento de Bucaramanga. en este momento desaroyamos un plan de ventas promoción en esa región del país y nos hacen faltamos un nuevo agente para distribuir los productos.

Al revisar sys referencias y los datos en su currículum vitae, estamos dispuestos a entrevistarte por investigar las posibilidades de conseguir sus servicios.

Le rogamos nos llame por teléfono la más pronto posible para concertar una cita. En espera de sus noticias, quedamos de Ud. muy atentamente,

EL FARMACÉUTICO CONTENTO


Deborah MacMillan
Directora de Ventas

Nombre _____ Clase _____ Fecha _____

**REDACCION DE UNA CARTA**

Redacte una carta original en español según uno de los siguientes supuestos.

1. You have just read about a job in the magazine, <u>Actualidad económica</u>, from Madrid, Spain, in which the position was listed for a Director of Marketing for a clothing firm called El Gamín, Calle Príncipe 127, 12103 Madrid. Apply for the job. Indicate that the references you included in the resume can be contacted at the addresses or phone numbers provided. Indicate that you have six years of similar experience with a company in Barcelona and that you would like to move to Madrid to be closer to your family.

2. As the Director of Personnel for El Gamín, respond to the letter of application in the previous exercise. Indicate to the applicant that you would like to set up an interview during the next three weeks and ask that he/she call to make an appointment. The job will begin on November 1 and the salary will be commensurate with the level of qualifications and experience which the candidate brings to the job. Indicate that the president of El Gamín, Ibán Zubizarreta, will conduct the interviews personally.

**DOCUMENTOS NECESARIOS PARA LA CONTRATACION DE UN EMPLEADO**

Los documentos necesarios para contratar a un empleado son los siguientes: 1) un currículum vitae o un formulario específico que indique datos personales para que los administradores puedan tomar las decisiones necesarias antes de concertar una entrevista para los mejores candidatos; 2) un formulario en el cual el entrevistador ha preparado una lista de preguntas para usar durante la entrevista. Con esta lista de preguntas escritas preparada antes de la entrevista, se pueden (y se deben) hacer las mismas preguntas a todos los candidatos para luego poder comparar sus respuestas.

Nombre _____  Clase _____  Fecha _____

**DOCUMENTO MODELO 6-1. CURRICULUM VITAE**

---

**CURRICULUM VITAE**
**JOSE MIGUEL BRISAS**

**1604 MAIN STREET**
**COLUMBIA, SC 02555**
**802-555-1112**

---

**EDUCACION**
- UNIVERSITY OF SOUTH CAROLINA, Columbia, South Carolina
  Bachelor of Arts–Graduación–mayo del 1997
  Interdisciplinary Studies Major Concentración–BUSINESS MANAGEMENT
    Consumer Economics
    Seminar/International Economics
    Issues in Economics
    Introduction of Finance
    Buyer Behavior
    Advanced Business Spanish
    Personnel Management
    Money and Banking
    Business Law

- COLEGIO JAVIER, Guayaquil, Ecuador, Graduación–enero de 1988
- UNIVERSIDAD CATOLICA DE GUAYAQUIL, Facultad de derecho, 1989
- UNIVERSIDAD CATOLICA DE CHILE, Teología, 1990-91
- INSTITUTO TECNOLOGICO DE ESTUDIOS SUPERIORES DE MONTERREY, Monterrey, México, 1992
- UNIVERSIDAD COMPLUTENSE DE MADRID, Administración de Empresas, 1994
- BROOKDALE COMMUNITY COLLEGE, 1995

**EXPERIENCIA DE TRABAJO**
- BANCO MUNDIAL, Quito, Ecuador. enero-mayo de 1989. Depto. de Crédito
- ESTUDIO JURIDICO ROMERO GAITAN. 1990. Asistente
- FINANCIERA INVERVALOR. 1991. Asistente de contabilidad
- ALMACENES BRISAS REYES. 1992-93. Gerente de Crédito

**HONORES**
- Beca de la Universidad de Carolina del Sur. Agosto-diciembre de 1996

**PERSONAL**
- Socio. Cámara Oficial Española de Comercio en el Ecuador
- Socio. Club Deportivo Real, Barcelona
- Canal 7. Presentador de Atracciones de Tenis
- Radio 700. Programa al Final de la Jornada
- Editorialista. Diario El Mundo y Revista Alta Voz. Cuenca, Ecuador

Nombre_____  Clase_____  Fecha_____

**EJERCICIO**

Use una computadora para preparar su propio currículum vitae profesional en español.

**DOCUMENTO MODELO 6-2. FORMULARIO DE EVALUACION DEL CANDIDATO**

---

### EVALUACION DEL CANDIDATO

Fecha de la entrevista _____ *15 junio 1997* _____

Nombre del entrevistado _____ *Elena Vargas* _____

Puesto _____ *Subdirector de Finanzas* _____

Cualidades deseadas: _____ *Inteligencia, perspicacia, experiencia en un Departmento de Finanzas* _____

Preguntas:

_4_ 1. *¿Qué preparación tiene Ud. para este trabajo?* _____

_3_ 2. *¿Por qué escogió la carrera universitaria que cursó?* _____

_3_ 3. *¿Qué sabe Ud. de nuestra empresa?* _____

_4_ 4. *¿Cómo lo/la describiría su jefe de trabajo?* _____

_4_ 5. *¿Por qué deberíamos contrarlo/la a Ud.?* _____

        4/sobresaliente    3/notable    2/aceptable    1/inaceptable

Observaciones:

*Atributos y preparación sobresalientes. Personalidad energética. Muy atenta a los detalles. Parece persona idónea para el puesto.* _____

Entrevistador _____ *Mario Saavedra* _____

---

Nombre _____ Clase _____ Fecha _____

**EJERCICIO**

Ud. tiene que evaluar a un candidato para un puesto en su empresa. Prepare el formulario (hace falta crear las preguntas que se harán) para la entrevista. Practique la entrevista con un/a compañero/a de clase e indique los resultados.

---

### EVALUACION DEL CANDIDATO

Fecha de la entrevista _____

Nombre del entrevistado _____

Puesto _____

Cualidades deseadas: _____
_____

Preguntas:

___ 1. _____

___ 2. _____

___ 3. _____

___ 4. _____

___ 5. _____

       4/sobresaliente    3/notable    2/aceptable    1/inaceptable

Observaciones:
_____
_____
_____
_____

Entrevistador _____
_____

Nombre_____ Clase_____ Fecha_____

**Problema numérico-comercial 6-1.**

Ud. solicita empleo con una firma a la cual le hace falta personal para trabajar con sus nuevos clientes en Latinoamérica. Ud. tiene entendido de un/a amigo/a que la compañía paga $15 dólares por hora.

Haga los siguientes ejercicios:

(1) ¿Cuánto ganará de sueldo de Ud. si trabaja 40 horas por 52 semanas?

(2) ¿Cuánto será su sueldo el año que viene si se le da a Ud. un aumento de 5%?

**INFORME PERSONAL**

Redacte una descripción del tipo de gerente que Ud. busca en su propia empresa o en la de su grupo. Debe incluir las características, las cualidades de comportamiento, la experiencia y las habilidades técnicas necesarias. Además, decriba los niveles de sueldo y el plan (la forma) de pago.

En otro párrafo, describa a los trabajadores o funcionarios que Ud. necesita contratar en su empresa. Como antes, dé las características, los niveles de salario y la forma de pago.

Nombre _____ Clase _____ Fecha _____

# CAPITULO 7

# Bienes y Servicios

---

### PREGUNTAS DE ORIENTACION

**Al hacer la lectura, piense Ud. en las respuestas a las siguientes preguntas.**

- ¿Qué es una carta o formulario de solicitud de cotización y cuándo se expide?
- ¿Qué es una carta de cotización y qué información proporciona?
- ¿Qué es una carta u orden de pedido y cuáles son sus requisitos?
- ¿Cuándo se redacta la carta de reclamación y cómo debe ser esta carta?
- ¿Qué es un vale y cúando se usa?

---

## BREVE VOCABULARIO UTIL

**ajuste (m)** *adjustment*
**alicates (m/pl)** *pliers*
**averiado/a** *damaged*
**bien (m)** *good*
**camote (m)** *sweet potato*
**carta** *letter*
     ____ **de cobro** *collection letter*
     ____ **de cotización** *quotation letter*
     ____ **de pedido** *order letter*
     ____ **de reclamación** *letter of complaint*
     ____ **de solicitud de cotización** *letter requesting price quotation*
**comprobante (m)** *proof*
**devolución** *return of goods, refund of money*
**factura** *invoice*
**formulario de solicitud de cotización** *quotation form*
**habichuela** *bean, kidney bean (Puerto Rico)*
**mercadería** *merchandise*
**orden de pedido (f)** *order form*
**proveedor/a** *supplier*
**realizar** *to carry out, execute, conduct*
**remesa** *shipment, remittance*
**señas** *address*
**vale (m)** *voucher*

Nombre _____  Clase _____  Fecha _____

# LECTURA

## Cartas y documentos referentes a los bienes y servicios

La producción de bienes y servicios es un proceso complejo que comprende, entre otras cosas, la redacción y el envío de varias cartas y documentos comerciales dentro y fuera de la empresa. Además de las cartas y los documentos que se han tratado en capítulos anteriores, figuran los siguientes:

**Carta o formulario de solicitud de cotización**

Cuando se le pide a la sección o departmento de compras ciertos artículos que se necesitan para la operación de la empresa, ésta les envía una carta de solicitud de cotización a sus proveedores con la siguiente información:

- Identificación de la firma solicitante y el propósito de la carta (en el formulario aparecerá el número de control de la solicitud de cotización)
- Lugar y fecha de la solicitud
- Señas del proveedor
- Descripción y cantidad de las mercancías solicitadas
- Firma del solicitante

**Carta de cotización**

Es la que los proveedores envían cuando reciben una solicitud de cotización. Proporciona la información solicitada y a menudo lleva adjunto un catálogo con una descripción y lista de precios de todas las mercaderías y una orden de pedido.

**Carta u orden de pedido**

Es la que el comprador le expide al proveedor para efectuar la compra de mercancías. Como tal, es un contrato de compraventa que precisa todos los datos necesarios para efectuar la transacción: la descripción de catálogo de las mercancías, la cantidad pedida, el precio, las condiciones y la forma de pago, el transporte y los seguros. Esta carta suele adjuntarse a un formulario u orden de pedido.

**Carta de reclamación**

Se redacta y envía este tipo de carta para pedir un ajuste al incumplimiento de un convenio acordado entre el comprador y el vendedor. Este incumplimiento se debe a menudo al envío de una remesa equivocada o de una calidad o cantidad diferente de lo pedido o a la recepción de mercancías averiadas o en mal estado, o a una factura con un importe distinto del que se ha acordado en el convenio. También se puede escribir a causa de la pérdida de una remesa (la mercadería nunca llegó). Tanto esta carta como su respuesta tienen que ser claras y firmes, pero con un tono respetuoso y cortés, haciendo constar lo que se reclama y cómo se puede solucionar el problema a la entera satisfacción de las partes involucradas.

**Vale**

Muy a menudo, dentro de una empresa, se necesita dinero para pagarle por adelantado a un empleado por cierto producto necesario para despachar un trabajo. El vale sirve tanto para realizar este valor o bien así como de comprobante. En general, es un impreso que precisa el tipo y cantidad del valor o producto que se quiere sacar y contiene la fecha de expedición y el nombre y la firma del solicitante y de la persona que autoriza el vale.

Nombre_____ Clase_____ Fecha_____

**¿QUE SABE UD. DE LAS CARTAS Y COMUNICADOS REFERENTES A LOS BIENES Y SERVICIOS?** Vuelva a las preguntas de orientación que se hicieron al principio del capítulo y ahora contéstelas en oraciones completas en español.

1. _____
_____
_____

2. _____
_____
_____

3. _____
_____
_____

4. _____
_____
_____

5. _____
_____
_____

Nombre_____ Clase_____ Fecha_____

## CARTA MODELO 7-1. CARTA SOLICITUD DE COTIZACION

Lea la siguiente carta y haga los ejercicios a continuación.

---

**JORDAN'S DELICATESSEN, Inc.**
800 Andrews Avenue
Orlando, Florida 32804
Tel (407) 328-4000    Fax (407) 328-4242

5 de octubre de 199__

ALIMENTOS HISPANOS, Ltd.
300 Commercial Avenue
San Antonio, Texas 78225

Muy señores míos:

Acabamos de abrir varias tiendas en esta ciudad para vender alimentos y bebidas hispanas de alta calidad a todos nuestros <u>compradores</u>.

Como es sabido, su firma <u>elabora</u> la mejor y más variada comida hispana enlatada y bebidas embotelladas y, según tenemos entendido, a los mejores precios por <u>bulto</u>. Por lo tanto, les agradeceríamos se sirvieran <u>cotizarnos</u> a la mayor brevedad posible los precios de los siguientes <u>géneros</u> y los costos del <u>transporte</u> y los seguros:

      16 cajas de latas de 16 onzas de habichuelas Estrellita
      18 cajas de botes de 10 onzas de camotes Estrellita
      30 cajas de botellas de 12 onzas de cerveza negra

También nos interesa recibir el último catálogo de toda su <u>línea</u> de productos así como alguna información sobre los descuentos, las condiciones de pago y las devoluciones.

En espera de su pronta <u>respuesta</u>, quedamos de Uds. muy atentamente,

JORDAN'S DELICATESSEN, Inc.


Marta de Sandoval
Gerente de Compras

Nombre_____  Clase_____  Fecha_____

**EJERCICIOS**

1. Dé un sinónimo de las siguientes palabras o frases, usando las que están subrayadas en la carta 7-1 y otras que Ud. conozca.

    a. indicarnos _cotizarnos_　　　　　e. produce _línea_
    b. gama _elabora_　　　　　　　　　f. clientes _compradores_
    c. artículos _géneros_　　　　　　　g. flete _transporte_
    d. contestación _repuesta_　　　　　h. volumen _bruto_

2. Vuelva a escribir el texto de la carta 7-1, reemplazando las palabras subrayadas en la carta con las del ejercicio anterior. Haga todos los demás cambios que resulten necesarios.

Nombre _____  Clase _____  Fecha _____

**CARTA MODELO 7-2. CARTA DE COTIZACION**

---

**ALIMENTOS HISPANOS, LTD.**
300 Commercial Avenue
San Antonio, Texas 78225
Tel. (512) 555-8000     Fax (512) 555-8025

15 de octubre de 199__

Sra. Marta de Sandoval
Gerente de Compras
JORDAN'S DELICATESSEN, Inc.
800 Andrews Avenue
Orlando, Florida 32804

Estimada Sra. Sandoval:

Según lo solictado por Ud. en su atenta del 5 de octubre, nos es grato cotizarle a continuación los géneros pedidos:

| CANTIDAD | DESCRIPCION | PRECIO UNIT. | TOTAL |
|---|---|---|---|
| 16 cajas | habichuelas Estrellita, latas de 16 onz. | 22.00 | |
| 18 cajas | camotes Estrellita, botes de 10 onz. | 18.00 | |
| 30 cajas | cerveza Negra botellas de 12 onz. | 8.00 | |
| | | | _____ |

Estos precios estarán en vigor hasta el 30 de junio. Como siempre, le concedemos el 25% de desc. por pago anticipado.

Adjuntamos la hoja de los costos de seguros y flete así como las condiciones de pago, todos los cuales esperamos sean de su entera satisfacción.

También incluimos el catálogo de toda nuestra gama de productos y sus precios actuales.

Esperamos poder atenderle a la mayor brevedad y le agredecemos por su interés en nuestros productos. Sin otro particular, quedo de Ud.,

Muy atentamente,


Reynaldo Romero
Gerente de Ventas

Anexos: lista de precios, seguros y flete y catálogo de productos

Nombre _____  Clase _____  Fecha _____

## EJERCICIO

Traduzca al inglés las siguientes partes de la carta modelo 7-2: saludo, texto, despedida y calcule la suma de cada renglón y la suma total.

_____ :

_____
_____
_____
_____
_____
_____
_____
_____
_____
_____
_____
_____
_____
_____
_____
_____
_____
_____
_____
_____

_____ ,

Nombre_____  Clase_____  Fecha_____

**CARTA MODELO 7-3.  CARTA DE PEDIDO**

---

JORDAN'S DELICATESSEN, Inc.
800 Andrews Avenue
Orlando, Florida  32804
Tel.  (407) 328-4000     Fax (407) 328-4242

November 8, 199__

Mr. Reynaldo Romero
Manager, Purchasing
ALIMENTOS HISPANOS, LTD
300 Commercial Avenue
San Antonio, Texas  78225

Dear Mr. Romero:

I am in receipt of your letter of quotation of October 15th and want to thank you for the price lists as well as the catalog. We are pleased to see that the prices have not changed since last month and that you continue to offer a wide variety of goods.

We would like to order the following products:

| QUANITITY | DESCRIPTION | UNIT PRICE | TOTAL |
|---|---|---|---|
| 19 cases | Kidney Beans, 10 oz. cans | $22.00 | |
| 24 cases | Sweet Potatoes, 16 oz. jars | 18.00 | |
| 40 cases | Dark Beer, 12 oz. bottles | 8.00 | _____ |

Please charge this order, including the costs of freight and insurance, to our account.

Awaiting the prompt shipment of these goods, I remain,

Sincerely yours,


Marta de Sandoval
Purchasing Manger

MS/df

---

**EJERCICIO:  ¿ES UD. BUENO/A PARA LAS MATEMATICAS?**

Calcule la suma de cada renglón arriba y el importe total.

Nombre_____ Clase_____ Fecha_____

**EJERCICIOS**

Traduzca al español las siguientes partes de la carta 7-3: saludo, texto, despedida.

_____ :

_____ ,

Nombre _____  Clase _____  Fecha _____

**BORRADOR DE CARTA MODELO 7-4. CARTA DE RECLAMACION**

¡Ojo! La siguiente carta tiene errores de tipo gramatical u ortográfico. Ud., como gerente, es la persona que firma la carta y por eso es necesario comprobar que no haya ningún error. Lea la carta cuidadosamente y después haga las correcciones directamente en el texto de la carta abajo, de modo que la versión final se pueda enviar libre de errores al destinatario.

---

**JORDAN'S DELICATESSEN, Inc.**
**800 Andrews Avenue**
**Orlando, Florida 32804**
**(Tel. (407) 328-4000    Fax (407) 328-4242**

22 de marzo de 199__

Sr. Reynaldo Romero
Gerente de Compras
ALIMENTOS MEXICANOS, Ltd.
300 Commercial Avenue
San Antonio, Texas 78225

Re.: Pedido No. 728

Estimado Sr. Romero:

Acusamos ~~resivo~~ *recibo* de su envío de diez cajas de piña enlatada Estrellita, el cual nos ha llegado esta mañana.

Sentimos informar~~te~~ *le* que esta remesa no sólo ha demorado más ~~que~~ *de* tres semanas ~~al~~ *en* llegar, sino que ha llegado en mal estado debido, al parecer, al mal empaque. Además, no se ajusta la remesa a nuestro pedido. Según éste, se nos debería haber enviado diez cajas de fruta tropical mixto.

Debemos manifestar~~tes~~ *les* que estos percances ~~se~~ nos ha costado dinero, tiempo y clientes.

Le~~s~~ agradeceremos me despach~~a~~ *e* a la mayor brevedad posible las mercancías del pedido No. 728 (copia adjunta) y que nos favorec~~e con~~ *e* un discuento de 25% de la factura sin cobrarnos los gastos de transporte y seguros.

Entretanto, ~~te~~ *le* adjuntamos una descripción de la mercancía en mal estado y esperamos ~~recivir~~ *recibir* tanto la nueva remesa y sus instrucciones respecto a la disposición de la que nos llegó en mal estado.

Quedamos de Ud. muy atentamente,

JORDAN"S DELICATESSEN, Inc.


Mary Ann Gutiérrez
Directora Asistente de Compras

Anexos: Pedido No. 728 y descripción de mercancía aberiada

MS/df

Nombre_____ Clase_____ Fecha_____

## REDACCION DE UNA CARTA

Redacte una carta comercial en español según uno de los siguientes supuestos.

1. As an assistant manager of sales for the silent partnership, IMPRENTA POPULAR (located on 25 W. Flagler, Miami, Florida, 33130, tel. [305] 555-6700, fax [305] 555-6743), write a letter to LIBRERIA HISPANICA, LTD. (located at 2300 7th Avenue, NW, Washington, D.C., 20001), quoting the prices for 1,000 copies of three Spanish books. Use your own prices and fulfill all other requirements for this type of letter.

2. As an assistant to the general manager of JORDAN'S DELICATESSEN (see letter 7-1 for the address), write a letter to COMIDAS PUERTORRIQUEÑAS, S.A., (234 Ponce de León Avenue, San Juan, Puerto Rico) registering a complaint about the delivery of ten cases of damaged nougat candy *(turrón)* and asking for redress, especially since you hoped to sell this holiday favorite during the upcoming Christmas season. Let the supplier know you will lose money and clients unless he can make good.

## DOCUMENTO MODELO 7-1. VALE

---

**ALMACENES SANCHEZ, S.R.L.**
Carerra 39 No. 10-2
Medellín, Colombia

VALE por: *2 escobas*
Para: *Limpieza*
Entregado a: *Jorge Sáenz*
Cargado: *a la cuenta del Depto. de Limpieza*
Fecha: *12 de octobre de 199—*

*Jorge Sáenz*

---

Nombre_____ Clase_____ Fecha_____

**EJERCICIO**

Como ayudante al gerente de producción de TALLERES MARTINEZ, S. en C., complete el vale por dos cajas de clavos C-10 y 2 alicates universales.

---

**TALLERES MARTINEZ, S. en C.**
Avda. América 100,
Quito, Ecuador

VALE por: _____

Para: _____

Entregado a: _____

Cargado: _____

Fecha: _____

_____

---

**Problema numérico-comercial 7-1.**

La compañía «Aparatos Ecualéctricos», almacén ecuatoriano que vende al por mayor, le hace el siguiente pedido:

| MERCANCIA | PRECIO UNITARIO | PRECIO TOTAL |
|---|---|---|
| 5 televisores a color (pantalla de 50 cm.) | $350,00 | |
| 5 lavadoras | 400,00 | |
| 5 neveras | 600,00 | |
| 15 radios de transistores | 10,00 | |

Haga los siguientes ejercicios:

(1) Complete la columna del precio total de cada artículo y luego el gran total.

(2) ¿Cuánto será el importe total si se agregan los seguros y flete, los cuales figuran como un 5% del precio de las mercancías?

Nombre_____ Clase_____ Fecha_____

**INFORME PERSONAL**

Su empresa está sufriendo dificultades debido a una crisis que está afectando los precios de sus productos o sus servicios. Al ser la persona encargada de la promoción de ventas, Ud. tiene que elaborar y explicarles a sus socios el problema, cómo influye en las actividades de la empresa y cómo trataría de resolverlo. Elabore Ud. un informe que proporcione esta información.

Nombre _____ Clase _____ Fecha _____

CAPITULO

# Marketing I: La publicidad y las relaciones públicas

8

## PREGUNTAS DE ORIENTACION

**Al hacer la lectura, piense Ud. en las respuestas a las siguientes preguntas.**

- ¿Para qué sirve un sondeo o una encuesta de marketing?
- ¿Qué elementos se consideran típicamente en una encuesta de marketing?
- ¿Cuál es el propósito de las relaciones públicas?
- ¿Qué elementos se suelen incluir en un anuncio?
- ¿Qué impresión debe crear una circular de publicidad?
- ¿Cuál es el propósito de una circular publicitaria?

## BREVE VOCABULARIO UTIL

**aficionado** *sports fan*
**alojamiento** *lodging*
**degustacion de vino** *wine tasting*
**derrota** *defeat, loss*
**encuesta** *survey*
**experimentar** *to experience*
**ida y vuelta** *round trip*
**presunto consumidor** *potential customer*
**promover** *to promote (a product)*
**sondeo** *opinion poll*
**vencedor/a** *winner*

Nombre_____ Clase_____ Fecha_____

## LECTURA

## Documentos, comunicados y cartas publicitarios

Un elemento clave del marketing es el esfuerzo publicitario que hace una empresa para llamar la atención de los presuntos consumidores sobre sus productos o servicios. Para saber quiénes y cómo son los presuntos compradores, es necesario hacer una investigación del mercado para poder dividirlo en segmentos en los cuales se agrupan a individuos con deseos y necesidades semejantes. Puede ser muy útil hacer un sondeo o una encuesta para conocer mejor quién es el cliente y qué es lo que quiere. Típicamente se consideran factores como la edad del consumidor, el sexo, el sueldo o salario, la clase social, lugar geográfico, etc. De este modo se empieza a reducir un mercado impreciso y genérico a uno más específico para los productos y servicios que se piensan ofrecer.

Además de intentar identificar al presunto cliente, los fabricantes y las empresas también se sirven de las relaciones públicas y de los anuncios para promover la venta de sus productos y servicios. Las relaciones públicas se utilizan para despertar y aumentar un interés público alrededor de una empresa. Su propósito inmediato no es vender un producto o servicio, sino que es informar (educar) de algún modo al público sobre la compañía. Los anuncios, en cambio, sí tienen como fin inmediato la venta de productos y servicios. Generalmente, incluyen una descripción (tamaño, color, etc.) del producto, sus usos y beneficios, y un lema llamativo para que el consumidor se acuerde fácilmente del producto. También pueden explicar cómo el producto se distingue de otros productos que ya se ofrecen en el mercado e indicar tanto el lugar, momento y precio de venta como la forma de pago (al contado o a crédito, plazos de pago, etc.).

La correspondencia típica relacionada con la publicidad trata de temas como los siguientes: la oferta de un nuevo producto o servicio profesional, el anuncio de una modificación en los precios o de una rebaja de algunos artículos, la constitución de una nueva empresa o la inauguración de una nueva sucursal. Este tipo de correspondencia forma parte de la llamada comunicación en masa, pues una misma carta, impresa o fotocopiada, se envía a centenares o miles de clientes. Sin embargo, es mejor si esta circular crea la impresión de que es una carta original dirigida a un individuo.

Las circulares que anuncian un producto o servicio deben llamar inmediatamente la atención del lector sobre el producto, despertando su interés para que continúe leyendo. Deben explicar *qué* y *cómo* es el producto, haciendo resaltar sus cualidades especiales. También se puede explicar *dónde*, *cuándo* y *cómo* se puede comprar el producto o el servicio. Es aconsejable repetir varias veces el nombre del producto para que quede grabado en la mente del consumidor. Si la empresa ya tiene otros anuncios para el mismo producto, la circular debe conservar el mismo tono que se utiliza en ellos para que comprendan los consumidores que se trata del mismo producto que ya conocen. El propósito es siempre animar al presunto consumidor a la compra, es decir, llevarlo de un conocimiento a una acción. La meta es informar y persuadir. Por eso, la circular publicitaria requiere un cuidado esfuerzo argumentativo.

**¿QUE SABE UD. DE LOS DOCUMENTOS, COMUNICADOS Y CARTAS PUBLICITARIOS?** Vuelva a las preguntas de orientación que se hicieron al principio del capítulo y ahora contéstelas en oraciones completas en español.

1. _____

2. _____

_____

3. _____

Nombre_____ Clase_____ Fecha_____

4. _____
   _____

5. _____
   _____

6. _____
   _____

**CARTA MODELO 8-1. OFERTA DE UN NUEVO PRODUCTO**

Lea la siguiente carta y haga los ejercicios a continuación.

---

MUNDOSPORT, S.A.
Avenida Flores No. 48
Buenos Aires, Argentina
Tels. 433-4570, -4571, -4572
Fax 433-4574

15 de enero de 199__

Sr. Ricardo Aldecoa
San Felipe No. 334
Ciudad.

Distinguido amigo:

　　Es un placer <u>comunicarnos contigo</u> en esta feliz ocasión para anunciar la <u>publicación</u> de MUNDOSPORT, la nueva revista deportiva que tanta falta ha hecho en nuestro país. MUNDOSPORT finalmente responde a la necesidad de <u>aficionados</u> como tú que <u>quieren</u> mantenerse informados sobre la actualidad deportiva no sólo en la Argentina sino, como lo <u>demuestra</u> su título, en todo el mundo. Los <u>entrevistadores</u> de MUNDOSPORT, todos ellos profesionales con muchos años de experiencia, te traerán <u>cada semana</u> la última noticia sobre superestrellas como Maradona, Sabatini, Sampras, Olazával y Michael Jordan. En las páginas de MUNDOSPORT te enterarás de quiénes son los <u>ganadores</u>, quiénes los perdedores y por qué. Con MUNDOSPORT podrás <u>experimentar</u> la pasión de la victoria y el abismo de la derrota cuando hablan con nosotros, en palabras y en fotos a todo color, los <u>personajes</u> atléticos más importantes de nuestra época.

　　Completa el cupón adjunto o llámanos para recibir tu primer número de esta novísima y espectacular revista deportiva, MUNDOSPORT, creada para individuos como tú. MUNDOSPORT—y Maradona, Sabatini, Sampras, Olazával y Jordan—¡te esperamos!

　　　　　　　　　　　　　　　　　　　　　　　MUNDOSPORT

　　　　　　　　　　　　　　　　　　　　　　　Alicia Guerrero Montemayor
　　　　　　　　　　　　　　　　　　　　　　　Editora

Nombre_____ Clase_____ Fecha_____

**EJERCICIOS**

1. Dé un sinónimo de las siguientes palabras o frases, usando las que están subrayadas en la carta y otras que Ud. conozca.

    a. indica _____  f. protagonistas _____

    b. vivir _____  g. vencedores _____

    c. semanalmente _____  h. lectores _____

    d. creación _____  i. escribirte _____

    e. desean _____  j. reporteros _____

2. Vuelva a escribir el texto de la carta 8-1, reemplazando las palabras subrayadas en la carta con las del ejercicio anterior. Haga todos los demás cambios que resulten necesarios.

_____
_____
_____
_____
_____
_____
_____
_____
_____
_____
_____
_____
_____
_____
_____
_____

Nombre _____  Clase _____  Fecha _____

**CARTA MODELO 8-2. OFERTA DE SERVICIOS PROFESIONALES**

---

VIAJES COLON. S.A.
Gran Vía, 55
28971 Madrid
Tels. 444-6767, -6768   Fax: 444-6769

19 de abril de 199__

Enrica María Santos
c/ Sierpes, 341 - 4° 4ª
Ciudad

Apreciada amiga:

Ya se acerca el verano, ese magnífico tiempo de vacaciones. ¿Qué harás cuando te llegue finalmente este tiempo libre? ¿Te quedarás en casa con un libro en la mano, soñando con lugares y personajes exóticos y divertidos? ¿¡O prefieres experimentar con VIAJES COLON esa vida emocionante que tantas veces encontramos en las páginas de un libro romántico!? VIAJES COLON te puede ayudar a realizar tus sueños de viajar a lugares remotos, exóticos, apasionantes y de conocer a otras gentes fascinadoras.

VIAJES COLON, con sesenta años de servicios para nuestros clientes, anuncia que durante el mes de julio ofrecerá viajes en grupo a Francia, Italia, Escocia y Estados Unidos (¡Nueva York, Boston, Washington, Los Angeles y San Francisco!). Nuestros precios (véase la lista adjunta) incluyen todos los gastos de ida y vuelta y de alojamiento y comidas en hoteles de categoría. No te pierdas esta oportunidad de viajar cómodamente y con nuevos amigos a tierras lejanas y legendarias. Llámanos para que VIAJES COLON te ayude a hacer algo memorable de tu verano.

VIAJES COLON


Margarita Piñeda Velázquez
Directora

Anexo: 1 lista de precios

---

**EJERCICIO**

Traduzca al inglés el segundo párrafo de la carta modelo 8-2.

_____

_____

_____

Nombre _____  Clase _____  Fecha _____

_____
_____
_____
_____
_____
_____
_____
_____
_____
_____
_____

**CARTA MODELO 8-3. ANUNCIO DE REBAJA DE PRECIOS**

---

**WINELAND**
**333 Main Blvd.**
**San Diego, CA 92468**

September 1, 199__

Dear Customer:

WINELAND is pleased to announce that we will be having a three-day sale on all items in stock from September 10-12. All our wines–California, French, German, Spanish, and Chilean–will be discounted 10-50% so that our customers can replenish their own stock at home at tremendous savings. We will also have wine tastings so that you can try our new wines from Eastern Europe and South America. To take advantage of this sale, just stop by with this letter September 10-12. Remember, a meal can never truly be fine without a fine wine from WINELAND.

We look forward to seeing you.

Sincerely,


Bill González
Store Manager

Nombre_____ Clase_____ Fecha_____

## EJERCICIOS

Traduzca al español las siguientes partes de la carta 8-3: saludo, texto, despedida.

_____ :

_____
_____
_____
_____
_____
_____
_____
_____
_____
_____
_____
_____
_____
_____
_____
_____
_____
_____
_____
_____
_____
_____
_____

_____ ,

Nombre _____  Clase _____  Fecha _____

**BORRADOR DE CARTA MODELO 8-4. INAUGURACION DE UNA SUCURSAL**

¡Ojo! La siguiente carta tiene errores de tipo gramatical u ortográfico. Ud., como gerente, es la persona que firma la carta y por eso es necesario comprobar que no haya ningún error. Lea la carta cuidadosamente y después haga las correcciones directamente en el texto de la carta abajo, de modo que la versión final se pueda enviar libre de errores al destinatario.

---

*ojo*

```
            C O P I C E N T R O
            Gracia No. 225
            Quito, Ecuador
            Tel. 672-3349
```

20 de enero de 199__

Srta. Rosaura Tamames Baroja
Roma No. 16
Ciudad.

Apreciada cliente:

Nos es grato anaunciarle la apertuna de una nueva secursal de COPICENTRO en el varrio Gracia. Esta nueva adicion a nuestras operaciones se debe a nuestro gran interés en poder servir mejor a nuestros clientes, poninedo a su disposicion nuestros servicios de centro fotocopliador. En COPICENTRO Ud. podra usar nuestras nuevas máquinas para hacer sus copias rápida y facilmente y con la excelente calidad que Ud. desea.

La apertura de nuestra nueva sucursal COPICENTRO será el primero de febrero. Durante toda esa semana, nuestros clientes podrán aprobecharse de une rebaja general del 25% en todos nuestros servicios. Pase Ud. para conocer mejor los excelentes servicios siempre ofrecídos con una sonrisa. Esperamos tener el place de saludarla personalmente. Quedamos de Ud. cordialmente,

COPICENTRO


Ruperto Dávila Sánchez
Director

---

**REDACCION DE UNA CARTA**

Redacte una carta comercial en español según uno de los siguientes supuestos.

1. Your company, COMPUNOW, has just created a new computer, the PCX-1. This new computer is much faster and easier to use than older models. It has a much greater storage capacity and is portable and weighs only three pounds. It is perfect for home or work. Write a letter announcing this new product, indicating where and when it can be purchased and how much it costs.

Nombre_____ Clase_____ Fecha_____

2. During the week of April 10-17, your company MODANUEVA will be having a sale on all items in stock: shirts, blouses, pants, dresses, suits, ties, socks, etc. Write a letter announcing this sale, indicating what your store hours are and what the range of the discounts is.


**COMUNICADO MODELO 8-1. EXTRACTOS DE RELACIONES PUBLICAS**

Con esta publicación deseamos que nos conozca algo mejor. Queremos trasladarle nuestras inquietudes y proyectos, ganando su confianza a través de esta presentación de Entidad. Con un factor a tener en cuenta: lo importante no es el hoy, sino estar preparados para afrontar el mañana.

The purpose of this publication is to let you know us better. By explaining our concerns and projects we hope to win your trust. An essential premise of our corporate policy is that the most important thing is not today, but to be prepared for tomorrow.

**Futuro sin fronteras**
La certeza de ofrecer todos nuestros servicios, con igual calidad y garantía, en cualquier mercado nos permite la expansión en todo el territorio nacional con nuestra Red de Sucursales propias. Con una constante evolución que nos hace contemplar el futuro con optimismo, sin temor a afrontar los retos de las nuevas tecnologías y mercados abiertos a todas las nacionalidades.

**A future without borders**
The certainty of offering all our services with the same quality and guarantee in every market permits us to expand throughout the national territory with a network of our own local offices. We are marked by constant development, which allows us to contemplate the future with optimism, without fear of facing the challenges of the new technologies and the markets open to all nationalities, thus preparing ourselves for a future without borders.

Nombre _____  Clase _____  Fecha _____

## DOCUMENTO MODELO 8-1.  EXTRACTO DE UNA ENCUESTA DE MARKETING SOBRE RESTAURANTES (Muestra proporcionada por el profesor Wilhemus Paulus Burgers de la Universidad de Nueva Orleáns)

|  | Strongly agree |  |  |  |  |  | Strongly disagree |
|---|---|---|---|---|---|---|---|
| I know more about restaurants than most people that I talk to. | 1 | 2 | 3 | 4 | 5 | 6 | 7 |
| I like to read about restaurants even if I have no intention to go and eat there. | 1 | 2 | 3 | 4 | 5 | 6 | 7 |
| I think I look at ads for restaurants more than most people. | 1 | 2 | 3 | 4 | 5 | 6 | 7 |

Please circle the numbers below that best reflect your feelings about restaurants.

| 1. boring     | 1 | 2 | 3 | 4 | 5 | 6 | 7 | interesting  |
| 2. unexciting | 1 | 2 | 3 | 4 | 5 | 6 | 7 | exciting     |
| 3. appealing  | 1 | 2 | 3 | 4 | 5 | 6 | 7 | unappealing  |
| 4. mundane    | 1 | 2 | 3 | 4 | 5 | 6 | 7 | fascinating  |

In general, do you talk to your friends and neighbors about restaurants?

| Often |  |  |  |  | Never |  |
|---|---|---|---|---|---|---|
| 1 | 2 | 3 | 4 | 5 | 6 | 7 |

When you talk to your friends and neighbors about restaurants do you:

| Give a great deal of information |  |  |  | Give very little information |  |  |
|---|---|---|---|---|---|---|
| 1 | 2 | 3 | 4 | 5 | 6 | 7 |

Please fill in the following classification data:

Male ____   Female ____   Age ____   Profession _____

Nombre_____ Clase_____ Fecha_____

**EJERCICIO**

Traduzca al español el extracto de la encuesta de marketing presentado en DOCUMENTO 8-1.

Nombre_____ Clase_____ Fecha_____

**Problema numérico-comercial 8-1.**

Ud. trabaja para una compañía que elabora productos alimenticios enlatados. Esta quiere extenderse hacia Sudamérica, en especial hacia el Perú. Contrata a la firma «Limanuncios» que inaugura la campaña en este país. Después de un año tiene éxito la compañía y vende bastante comida. Sin embargo, tiene gastos, entre éstos, los de publicidad. A continuación se dan, en dólares, los costes de los anuncios, los gastos totales y la venta total:

| | |
|---|---|
| Gastos publicitarios | $ 315.000 |
| Gastos totales | 2.100.000 |
| Venta total | 2.625.000 |

Haga los siguientes ejercicios:

(1) Calcule el por ciento del total de los gastos que constituyen los publicitarios.

(2) Calcule el por ciento del total de las ventas que constituyen los gastos publicitarios.

(3) Calcule el por ciento del total de las ventas que representan las ganancias. ¿Cuánto dinero se ha ganado?


**INFORME PERSONAL**

Describa los productos or servicios que ofrece su propria empresa. Por ejemplo:

**Televisor color**, portátil, sintonización electrónica, 45 programas, mando a distancia, garantía seis meses

**Viaje al Cono Sur**, seis días, siete noches en Argentina y Chile con visitas a Buenos Aires, Santiago y Viña del Mar, comidas y propinas incluidas, salida de Nueva York, Houston o Los Angeles, precios variables según las opciones seleccionadas

Prepare Ud. un anuncio más detallado de uno de los productos o servicios de su compañía, creando una marca y un lema ficticiosos, para su publicación en una revista de categoría.

Nombre _____ Clase _____ Fecha _____

# CAPITULO 9

# Marketing II: La compraventa y otras funciones del mercado

## PREGUNTAS DE ORIENTACION

**Al hacer la lectura, piense Ud. en las respuestas a las siguientes preguntas.**

- ¿Qué es la compraventa y qué tipos de cartas de compraventa hay?
- ¿Cuál es el propósito de la carta de cotización?
- ¿Cuáles son las condiciones bajo las cuales la carta de pedido representa un contrato?
- ¿Cuándo le manda el vendedor un contrato al comprador?
- Si hay problemas con las mercancías, ¿qué tipo de carta le escribe el comprador al vendedor?
- ¿Qué es una carta de consignación?

## BREVE VOCABULARIO UTIL

**carta de porte (terrestre)** *bill of lading, manifest*
**cartón** *cardboard*
**compraventa** *buying and selling*
**conocimiento de embarque** *bill of lading*
**cotización** *quotation, quote (prices)*
**consignatario/a** *consignee*
**consignación** *consignment*
**consulta** *advice, profesional opinion*
**cotización** *quotation, quote (price)*
**entrega** *delivery*
**guía aérea** *airway bill*
**pedido** *order*
**reserva de** *with reservations about*
**soldadura** *solder*
**surtido** *line (of products)*
**tallas de madera** *boards*

Nombre _____ Clase _____ Fecha _____

## LECTURA

### Cartas de compraventa

La compraventa es una operación en la cual un vendedor le ofrece un bien o servicio a un comprador por un precio. Las cartas de compraventa son de dos tipos: las del vendedor y las del comprador.

Para promover las ventas, el vendedor trata de despertar el interés del comprador y convencerle de la necesidad de comprar el producto o servicio ofrecido. Si tiene éxito en su intento, el comprador le pide más información por medio de una carta de solicitud de precios del surtido y de otras características de las mercancías o los servicios. El vendedor contesta la solicitud con una carta de cotización o de oferta en la cual se especifican las posibles condiciones de venta. Al recibir la carta de cotización, el comprador tiene que tomar la decisión de firmar o no el contrato de compraventa.

Si el comprador decide que no habrá un acuerdo, se acaba la correspondencia o habrá solamente una carta, un fax o una llamada telefónica indicando la decisión negativa. Si se acepta la oferta, el comprador le manda una carta de pedido al vendedor. Esta carta representa las condiciones del contrato de compraventa y es la correspondencia más importante de todas las que se relacionan con este tema. Incluye estipulaciones como las siguientes: la cantidad, el precio (unitario y total), las condiciones de entrega, las condiciones de pago y las licencias, seguros y documentos de transporte necesarios.

Luego el vendedor puede confirmar el pedido con una carta de confirmacion o comunicar el envío de las mercancías. Además, si queda alguna duda o si es necesario comunicarse con otros departamentos interesados, es mejor mandar un contrato firmado por el vendedor que pide que el comprador exprese su aceptación.

Al recibir las mercancías, es normal que el comprador acuse recibo de ellas. En el caso de problemas o diferencias entre los pedidos y las mercancías o servicios recibidos, quizás sea necesario enviar una carta, un fax o un comunicado de reclamación por correo electrónico.

Si el vendedor busca un agente para ayudarlo en la venta, se dice que el vendedor le consigna a éste las mercancías. El agente vendedor es el consignatario y tiene la responsabilidad de devolver o el pago menos la comisión cobrada o las mercancías no vendidas. La carta de oferta es una carta de consignación que representa un contrato entre el vendedor y su agente. Al aceptar la oferta del vendedor, el agente se convierte en un comprador intermediario y redacta una carta de aceptación de consignación en la cual acepta las condiciones de la relación entre ellos.

**¿QUE SABE UD. DE LAS CARTAS DE COMPRAVENTA?** Vuelva a las preguntas de orientación que se hicieron al principio del capítulo y ahora contéstelas en oraciones completas en español.

1. _____

2. _____

3. _____

4. _____

Nombre_____ Clase_____ Fecha_____

5. _____
   _____
6. _____
   _____

## CARTA MODELO 9-1. CARTA DE COTIZACION O DE OFERTA

Lea la siguiente carta y haga los ejercicios a continuación.

---

**EXPORTACIONES INTERNACIONALES, S.A.**
Avenida Hamburgo 498
Santiago, Chile

15 de mayo de 199__

MADERA GOMARIZ
125 Boca Ratón Drive
Miami, FL 41670

Muy señor nuestro:

Le agradecemos su <u>entrevista</u> del 5 de mayo así como su interés en nuestras tallas de madera. <u>Nos complace</u> <u>ofrecerle</u> el siguiente <u>precio</u> a reserva de nuestra <u>ratificación</u> definitiva al recibo de su pedido:

> 10,000 piezas de tallas surtidas de madera a 56 pesos chilenos por pieza, libre a bordo, Miami, con cada pieza en caja de cartón, 50 por contenedor; el pago será por carta de crédito irrevocable abierta a nuestra cuenta y habrá confirmación en el Banco de Chile a 15 días antes del primer <u>envío</u>.

En espera de recibir su <u>estimado</u> pedido, <u>quedamos de Ud.</u> atentamente,

EXPORTACIONES INTERNACIONALES, S.A.

Miguel Henares
Director de Ventas

---

## EJERCICIOS

1. Dé un sinónimo de las siguientes palabras o frases, usando las que están subrayadas en la carta 9-1 y otras que Ud. conozca.

   a. confirmación _____   e. apreciado _____

   b. cotización _____   f. tenemos el gusto _____

   c. embarque _____   g. consulta _____

   d. presentarle _____   h. le saludamos _____

Nombre_____ Clase_____ Fecha_____

2. Vuelva a escribir el texto de la carta 9-1, reemplazando las palabras subrayadas en la carta con las del ejercicio anterior. Haga todos los demás cambios que resulten necesarios.

Nombre_____  Clase_____  Fecha_____

## CARTA MODELO 9-2. CARTA DE PEDIDO

**MADERA GOMARIZ**
125 Boca Ratón Drive
Miami, FL 41670
Teléfono 305-227-8979

15 de junio de 199__

EXPORTACIONES INTERNACIONALES, S.A.
Avenida Hamburgo 498
Santiago, Chile

                                                Atención: Miguel Henares
                                                       Director de Ventas

Muy señor nuestro:

Le agradecemos su oferta del 15 de mayo y tenemos el gusto de hacerle el siguiente pedido:

    9.000 piezas de tallas de madera según las especificaciones adjuntas, a precio de 56 pesos chilenos por pieza y con las siguientes condiciones de entrega:

        2.000 piezas, 12 de julio de 199__

        5.000 piezas, 12 de agosto de 199__

        2.000 piezas, 12 de septiembre de 199__

El embalaje será el siguiente:

    Cada pieza en caja de cartón, 50 por contenedor de cartón de fibra dura.

Las condiciones de pago se efectuarán por:

    Carta de crédito irrevocable abierta a su favor y confirmada en el Banco de Chile, 15 días antes del primer embarque.

Según sus especificaciones, los seguros sobre bienes son de Seguros Berríos en Santiago contra todos los contratiempos.

    Le pedimos nos confirme su aceptación tan pronto como se reciba esta carta de pedido.

Le saluda atentamente,

MADERA GOMARIZ


Jaime Moreno
Director de Importaciones

Nombre_____ Clase_____ Fecha_____

**EJERCICIO: ¿ES UD. BUENO/A PARA LAS MATEMATICAS?**

¿Cuánto será el importe total de las mercancías vendidas?

**EJERCICIO**

Traduzca al inglés el texto de la carta modelo 9-2.

_____
_____
_____
_____
_____
_____
_____
_____
_____
_____
_____
_____
_____
_____
_____
_____
_____
_____
_____
_____

Nombre _____ Clase _____ Fecha _____

**CARTA MODELO 9-3. CARTA DE CONSIGNACION**

---

**PAINTS 'N BRUSHES**
3255 S. Broad St.
Albuquerque, New Mexico 34221
Tel. 711-555-7090, Fax 711-555-7091

August 14, 199__

Mercaderes Cochile
APDO. POSTAL 6355
PUEBLA, MEXICO

Dear Sirs:

It is my pleasure to acknowledge receipt of your request for our products on consignment and of your desire to serve as exclusive agents for PAINTS 'N BRUSHES in Puebla. We are aware of your solid financial reputation as a distributor in that area.

At the earliest possible date, we will send you on consignment a shipment of our paint products as you request from the enclosed catalog. The commission which you will receive will be 35% of the sales price to the customer. The cost of insurance and freight for each shipment of paints will be paid by us. We ask that you please send the appropriate payment at the end of each month. If you have any questions, please don't hesitate to call or fax us at the numbers above.

Yours very sincerely,


Ana Morales Cruz
MANAGER

---

## EJERCICIOS

1. Traduzca al español las siguientes partes de la carta 9-3: saludo, texto, despedida.

_____ :

_____

_____

_____

_____

_____

_____

Nombre_____ Clase_____ Fecha_____

Nombre_____ Clase_____ Fecha_____

## BORRADOR DE CARTA MODELO 9-4. CARTA DE PEDIDO

¡Ojo! La siguiente carta tiene errores de tipo gramatical u ortográfico. Ud., como gerente, es la persona que firma la carta y por eso es necesario comprobar que no haya ningún error. Lea la carta cuidadosamente y después haga las correcciones directamente en el texto de la carta abajo, de modo que la versión final se pueda enviar libre de errores al destinatario.

**RELOJERIA SUIZA**
**SAN JERONIMO 670**
**OAXACA, MEXICO**
**14-55-79**

2 de julio de 199__

Señora Adriana Madero del Socorro
Avenida Plan de Ayala 366
Cuernivaca, Morelos

Estimado señora Madero:

De conformidad con la oferta y las estipulaciones que se incluyen en se carta del 15 mes próximo pasado, tengo el gran plaser de pedirles que nos enbien por entrega inmediata los diez relojes que ud. mencionó en su atenta carta. Le devolveremos el precio de venta menos nuestra comision de un 40% al final del ejersisio fiscal. Siempre hay muchos turistas en Oaxaca durante el mes de agosto devido a la celebración de los bailes de Guelaguetza y pensamos que sus relojes tendran una buena salida para esa fecha.

Sin otro particular, le saluda atentamente,

RELOJERIA SUIZA



Manuel Infante Orozco
Presidente

## REDACCION DE UNA CARTA

Redacte una carta comercial en español según uno de los siguientes supuestos.

1. Your company, Grupo Interamericano, located at 201 Mesa Verde, San Diego, California produces all kinds of solder and machines. You have heard of the very fine reputation of Electrotécnica, 315 N. Shoreline Drive, Miami, Florida, which sells similar products successfully in that city. Write a letter offering them the sole distribution of your products in that area. Arrange the terms of commission and the period of time when you would require payment from them.

2. Having received a letter offering terms of consignment from Grupo Interamericano (see No. 1 above), you accept the offer of consignment providing they can allow you to receive 5% more commission. Justify your request on the basis of your fine financial reputation in Miami and throughout the Caribbean Basin.

Nombre _____  Clase _____  Fecha _____

## DOCUMENTOS RUTINARIOS DE LA COMPRAVENTA

Los documentos más comunes de la compraventa son: (l) el contrato oficial, el propósito del cual es la aclaración de las condiciones de un acuerdo entre dos personas jurídicas. La existencia de un acuerdo escrito facilita los trámites internos y externos; (2) la factura en la cual se indican la cantidad, la descripción y el costo de las mercancías o servicios vendidos; (3) los documentos de transporte los cuales pueden incluir las condiciones de embalaje, el conocimiento de embarque o la guía aérea o de ferrocarril; y (4) los documentos de crédito típicos como el pagaré, el cheque, la letra de cambio, la carta de crédito o el recibo.

## DOCUMENTO MODELO 9-1. EL CONTRATO DE COMPRAVENTA

---

**CONTRATO DE EXPORTACION**

**LIVERPOOL SHIPPERS, LTD.**
**Whitehall Road, Liverpool N.E. 3**

Fax 45620    Teléfono ELMston 45609

CONTRATO
CONFIRMAMOS HABER <u>VENDIDO A</u> (COMPRADO A)

*EQUIPOS INDUSTRIALES, S.A.*

EN EL DIA DE LA FECHA:

*6 de febrero de 199—*

1. MERCANCIAS _____ *Motor X16-SQR*
2. CANTIDAD _____ *cuatro (4)*
3. PRECIO _____ *654 libras esterlinas*
4. ENTREGA _____ *Libres a bordo—Londres*
5. FECHA DE ENTREGA/EMBARQUE _____ *20 febrero 199—*
6. EMBALAJE _____ *cajas de cartón reforzado*
7. CONDICIONES DE PAGO _____ *carta de crédito irrevocable No. 71416—Banco Nacional*
8. LICENCIAS
   a. Exportación _____ *No. 0168613*
   b. Importación _____
9. SEGUROS _____ *Helmsford Insurers (Liverpool)*
10. INSTRUCCIONES PARA LAS MARCAS _____ *Avisar cumplimiento envío*
11. REQUISITOS DOCUMENTARIOS _____
12. COMISION _____ *5%*

Por y en nombre de
LIVERPOOL SHIPPERS

Director _____

Este contrato está sujeto a las condiciones que se indican al reverso. Recibido de Liverpool Shippers, Ltd., Liverpool, Contrato No. *04159*. Fecha: *9/2/9—* por _____ que aquí confirmamos.

Firma: _____

Nombre_____  Clase_____  Fecha_____

**EJERCICIO**

Lea el siguiente supuesto y complete el contrato.

Su empresa, TALLERES ELECTRICOS DE RUFO, de la Calle Obregón 39 en Tijuana, México, ha vendido tres motores, $3,000,000.000 pesos cada uno, a la compañía Alvarez-Tacón. Ha aceptado entregárselos empaquetados en cajas de cartón el 30 de diciembre en la ciudad de México. Están asegurados con Seguros Rieles. Se pagarán por cheque a favor del vendedor. Se recibirá el pago antes de la entrega de las mercancías. Complete el contrato #4539 con las condiciones indicadas, la fecha actual y su firma.

---

**CONTRATO DE EXPORTACION**

Fax 412-3436   Teléfono 412-3438

CONTRATO
CONFIRMAMOS HABER VENDIDO A (COMPRADO A)

_____

EN EL DIA DE LA FECHA:

_____

1. MERCANCIAS _____
2. CANTIDAD _____
3. PRECIO _____
4. ENTREGA _____
5. FECHA DE ENTREGA/EMBARQUE _____
6. EMBALAJE _____
7. CONDICIONES DE PAGO _____
8. LICENCIAS
   a. Exportación _____
   b. Importación _____
9. SEGUROS _____
10. INSTRUCCIONES PARA LAS MARCAS _____
11. REQUISITOS DOCUMENTARIOS _____
12. COMISION _____

Por y en nombre de
TALLERES ELECTRICOS DE RUFO

Director_____

Este contrato está sujeto a las condiciones que se indican al reverso. Contrato No. ____ .

Fecha: _____ por _____ que aquí confirmamos.

Firma: _____

Nombre_____ Clase_____ Fecha_____

**DOCUMENTO MODELO 9-2. LA FACTURA**

*Empresas Universales, S.A.*
*Avda. Centro Ciudad 444*
*México, D.F.*

**FACTURA**
*47318*

_____*13*_____ DE _____*noviembre*_____ DE *199*__

SEÑOR _____*Hector Gómez*_____

DEBE A _____*Empresas Universales, S.A.*_____

Por lo siguiente que compró _____*mercancías*_____ a pagar a _*Empresas Universales, S.A.*_ en moneda de _____*pesos mexicanos*_____ del cuño corriente que marca la Ley Monetaria en vigor con intervención de _____*Artículo 37716*_____

| CANTIDAD | ESPECIFICACION | PRECIO | IMPORTE |
|---|---|---|---|
| *3 cajas* | *Formularios impresos* | *375.000* | *1.125.000* |
| | | | |
| | | | |
| | | | |
| | | | |
| | | | |
| | | | |
| | | | |
| | | | |
| | | | |
| | | | |
| | | | |
| | | | |

Nombre_____ Clase_____ Fecha_____

**EJERCICIOS**

Complete la factura con la siguiente información: su empresa, Chocolate al Extremo, ha vendido 3 cajas de sus dulces, $6,000.00 (pesos mexicanos) por caja, al señor Ramón Delgado. Utilice la factura No. 4209.

FACTURA

_____ DE _____ DE 199_

SEÑOR _____

DEBE A _____

Por lo siguiente que compró _____ a pagar a _____ en moneda de _____ del cuño corriente que marca la Ley Monetaria en vigor con intervención de _____

| CANTIDAD | ESPECIFICACION | PRECIO | IMPORTE |
|---|---|---|---|
|  |  |  |  |
|  |  |  |  |
|  |  |  |  |
|  |  |  |  |
|  |  |  |  |
|  |  |  |  |
|  |  |  |  |
|  |  |  |  |
|  |  |  |  |
|  |  |  |  |
|  |  |  |  |

Nombre_____ Clase_____ Fecha_____

**Problema numérico-comercial 9-1.**

La empresa para la cual Ud. trabaja quiere enviar 12.000 kilogramas de manuales de su nueva computadora a Veracruz, México, desde Houston, y quiere saber cuál es el medio de transporte más barato. Se le encarga a Ud. el averiguar las tarifas. Después de unas llamadas telefónicas, Ud. proporciona la siguiente información:

| Vía de transporte | Tarifa |
|---|---|
| Buque | $15,00 por 150 kilos |
| Camión | 20,00 por 125 kilos |
| Avión | 35,00 por 100 kilos |

Haga los siguientes ejercicios:

(1) ¿Cuánto sería el importe total por cada uno de los tres medios de transporte?

(2) ¿Cuál sería el medio de transporte más barato?

**INFORME PERSONAL**

Redacte un informe para su propia empresa, detallando el plan de marketing para sus productos o servicios. Incluya los siguientes elementos:

1. El modo de distribución (agentes, mayoristas, detallistas, etc.)
2. El transporte requerido para sus operaciones
3. El almacenaje requerido
4. Los seguros necesarios
5. La estructuración de precios para competir en el mercado

Nombre _____  Clase _____  Fecha _____

# Las finanzas

**CAPITULO 10**

## PREGUNTAS DE ORIENTACION

**Al hacer la lectura, piense Ud. en las respuestas a las siguientes preguntas.**

- ¿Para qué sirve un informe comercial?
- ¿Qué tipo de información se incluye en un boletín de informe comercial?
- ¿Qué procedimiento se utiliza muchas veces en los países hispánicos para eximir de toda responsabilidad al informante?
- En el caso de una denegación de crédito, ¿qué elementos deberían incluirse en la correspondencia?

## BREVE VOCABULARIO UTIL

**absoluta reserva**  *strictest confidence*
**acreedor/a**  *creditor*
**asunto**  *subject, matter, theme*
**brindar**  *to offer, provide*
**cobrar**  *to collect*
**cumplidor/a (adj)**  *reliable, dependable (person)*
**debidamente**  *in a timely manner*
**denegación**  *refusal, denial*
**deudor/a (n/adj)**  *debtor, one who owes*
**historial (m)**  *record, history*
**intachable**  *irreproachable, impeccable*
**pago contra entrega**  *COD, cash on delivery*
**plazo**  *time period, term*
**prestamista (m/f)**  *lender, creditor*
**préstamo**  *loan*
**prestatario/a**  *borrower*
**queda pendiente**  *remains pending, unresolved, unsettled*
**solicitante (m/f)**  *applicant*

Nombre_____ Clase_____ Fecha_____

## LECTURA

### Los informes comerciales

    El crédito comercial representa un ejemplo de la financiación externa a corto plazo generalmente necesaria para que distintas empresas e individuos–vendedores y compradores–puedan realizar sus operaciones. El que ofrece un crédito comercial es el acreedor o prestamista. El que recibe un crédito es el deudor o prestatario. Cualquier crédito es, en efecto, un contrato de préstamo en el cual se estipulan las condiciones (plazos y cantidades pagaderas) para la devolución del principal y de los intereses correspondientes.

    Elemento clave en la consideración del crédito comercial es la información que se pueda obtener sobre la empresa o el individuo que solicita tal crédito. Los informes comerciales ayudan a reducir el riesgo de conceder un crédito a un cliente que luego no cumpla con las condiciones de su promesa de pago. Para obtener este tipo de información, se utilizan las cartas de petición de referencias comerciales. Estas muchas veces llevan adjuntas un formulario o boletín de informes comerciales que puede completar fácilmente la persona que aporta la información deseada: la situación comercial del solicitante de crédito, su reputación, el tiempo que se ha mantenido una relación comercial con el solicitante (cuántos meses o años), la cantidad de dinero cobrado mensual o anualmente, la regularidad de pagos, problemas con los pagos, etc. Lo importante es precisar claramente la información que se requiere e indicar la fecha para la cual se necesita una respuesta. Es normal en los países hispánicos omitir en una carta de referencia el nombre de la empresa o del individuo sobre el cual se presentan datos, dejando que aparezca en un boletín o en una página que se adjunta a la carta. Esto ayuda a eximir de toda responsabilidad al informante, especialmente si el informe es negativo. En cualquier caso, siempre se le asegura al informante una total discreción sobre los datos que pueda proporcionar.

    Además de la petición de referencias comerciales y de la contestación, la cual puede ser un informe favorable o desfavorable, otras cartas relacionadas con el tema pueden ser la autorización o la denegación de crédito a un solicitante. En éstas es importante recordar siempre que uno está tratando con clientes o con posibles clientes. Si se otorga el crédito solicitado, la carta debe dar una cordial bienvenida al nuevo cliente e indicar las condiciones del crédito. Si se trata de una denegación de crédito, se le agradece al posible cliente su solicitud y se le explica el porqué de tal decisión. Se recomienda, en el caso de una denegación, invitar al cliente a solicitar el crédito en otra ocasión cuando hayan cambiado las circunstancias que resultaron en una respuesta negativa esta vez. Uno no quiere perder a un posible cliente, sino que quiere dejar la puerta abierta para que en el futuro se pueda establecer una buena relación comercial con él o con ella.

**¿QUE SABE UD. DE LOS INFORMES COMERCIALES?** Vuelva a las preguntas de orientación que se hicieron al principio del capítulo y ahora contéstelas en oraciones completas en español.

1. _____

2. _____

3. _____

4. _____

Nombre_____  Clase_____  Fecha_____

**CARTA MODELO 10-1. PETICION DE INFORMES COMERCIALES**

Lea la siguiente carta y haga los ejercicios a continuación.

---

**ABASTECEDORES GARCIA, S.A.**
Velázquez No. 64
Santiago, Chile
Tel. 422-9865

27 de agosto de 199__

Proveedores Saltillo, S.A.
Avenida Marítima No. 42
Viña del Mar, Chile

Señores:

Remitimos con ésta un <u>formulario</u> de informes comerciales que, relativos a la <u>firma</u> indicada en el mismo, rogamos que contesten <u>en el menor plazo de tiempo</u> posible, a más tardar para el 6 de septiembre, pues se trata de un importante <u>tema</u> de negocios que por el momento queda pendiente de nuestra <u>confirmación</u>.

Cualquier información que aporten será guardada bajo la más absoluta reserva sin representar <u>ninguna responsabilidad para</u> Uds.

Les <u>agradecemos</u> de antemano por este importante servicio y aprovechamos esta ocasión para saludarlos atentamente,

ABASTECEDORES GARCIA, S.A.


Luis Francisco García
Gerente

---

**EJERCICIOS**

1. Dé un sinónimo de las siguientes palabras o frases, usando las que están subrayadas en la carta y otras que Ud. conozca.

a. damos las gracias _____     e. boletín _____

b. aprobación _____     f. empresa _____

c. por su parte _____     g. asunto _____

d. a la mayor brevedad _____     h. ningún compromiso _____

Nombre_____ Clase_____ Fecha_____

2. Vuelva a escribir el texto de la carta 8-1, reemplazando las palabras subrayadas en la carta con las del ejercicio anterior. Haga todos los demás cambios que resulten necesarios.

Nombre_____ Clase_____ Fecha_____

**BOLETIN MODELO 10-1. BOLETIN O FORMULARIO DE INFORMES COMERCIALES**

---

INFORME COMERCIAL
sobre la empresa indicada a continuación:

Nombre:     TECNOQUIPO, S. A.

Dirección:   Avda. Loíza 344

              San Juan, Puerto Rico

---

La siguiente información NO COMPROMETE a quien la brinda.

1. HISTORIAL Y TIEMPO DE TRATO CON UDS.: Clientes nuestros por seis años.

2. SITUACION COMERCIAL (CAPITAL): Más de $10 millones (diez millones de dólares) de ventas anualmente. Buen flujo de caja.

3. SOLVENCIA: Ningún problema.

4. EXPERIENCIA DE UDS. EN OPERACIONES: Siempre han cumplido con nuestras condiciones de crédito, comunicándose con nosotros en casos que hiciera falta pedir algún aplazamiento de pago.

5. REPUTACION: Intachable.

6. OTRAS OBSERVACIONES DE INTERES: Han figurado entre nuestros mejores clientes. Muy cumplidores.

Nombre_____ Clase_____ Fecha_____

**EJERCICIO**

Traduzca al inglés el boletín de informes comerciales Modelo 10-2.

| COMMERCIAL REFERENCE |
|---|
| : _____ |
| : _____ |
| _____ |
| _____ |

1.

2.

3.

4.

5.

6.

Nombre _____ Clase _____ Fecha _____

**CARTA MODELO 10-2. INFORME COMERCIAL FAVORABLE**

---

JAMESON BROS.
5500 Central Blvd.
San Antonio, Texas 78221
Tel. (512) 555-9090    FAX (512) 555-9091

May 3, 199__

Ms. Catalina Vargas
Credit Manager
Lindo Paseo No. 65
Barranquilla, Colombia

Dear Ms. Vargas:

We are pleased to provide you with the credit report on Clancy Imports requested in your letter of April 20. Clancy Imports has been a customer of ours for over four years. Its accounts payable to us normally run to about three thousand dollars a month. Clancy Imports has always met its payment schedule with us in a timely manner. In sum, Clancy Imports is a good, reliable customer whose business we count and depend upon.

Sincerely,


Richard Vegas
Billing Department

---

**EJERCICIOS**

Traduzca al español las siguientes partes de la carta 10-3: saludo, texto, despedida.

_____ :

_____
_____
_____
_____
_____
_____

Nombre_____ Clase_____ Fecha_____

Nombre_____ Clase_____ Fecha_____

## BORRADOR DE CARTA MODELO 10-3. INFORME COMERCIAL DESFAVORABLE

¡Ojo! La siguiente carta tiene errores de tipo gramatical u ortográfico. Ud., como gerente, es la persona que firma la carta y por eso necesita comprobar que no haya ningún error. Lea la carta cuidadosamente y después haga las correcciones directamente en el texto de la carta abajo, de modo que la versión final se pueda enviar libre de errores al destinatario.

INDUSTRIAS
MATIAS Calabria No. 245
Montevideo, Uruguay

2 de noviembre de 199__

Sr. Manuel Ibarra Piñero
Avda. Pascual No. 36
Ciudad

Estimado Sr. Ibarra:

En repuesta a su attenta carta día 26 de octubre, en el cual solicita un informe comercial sobre la firma que aparece en el volante adjunta, sentimos no poder darle en este momento una noticia favorable.

Dicho empresa ha sufrido grabes problemas de liquidez en los últimos seis meses, echo que ya nos ha perjudicado a nosotros en varuas ocaciones. Con esta pérdida de confianza nuestra, debida a demoras e incumplimientos depago, nos hemos visto forsados a mantener con dicha firma una relación de pago al contado contra entrega de nuestras mercansías.

Esperamos que estas indicasiones le sean de utilidad en el caso y quedamos seguros de su absoluta discresión. Atentamente,

INDUSTRIAS  MATIAS

María Elena McCartney
Gerente

## REDACCION DE UNA CARTA

Redacte una carta comercial en español según uno de los siguientes supuestos.

1. JUGUETES ELISEO, S.A., a retailer of children's toys, has contacted you (at CALIJUEGOS, Altamira No. 98, San Juan, Puerto Rico) about the possibility of becoming a distributor for your products. Magdalena Eliseo has indicated in her letter to you that you may obtain a credit reference from QUALIMARC (Eloisa 14, Santurce, Puerto Rico) should you require it. Write a letter requesting this credit information from QUALIMARC.

2. You are the credit manager at QUALIMARC, the credit reference source given in #1 above. Send a credit reference (either positive or negative) to the person who has contacted you from CALIJUEGOS.

Nombre_____  Clase_____  Fecha_____

## DOCUMENTO MODELO 10-1. ORDEN DE COMPRA EN BOLSA

Además de la financiación externa a corto plazo, representada típicamente por el crédito comercial, el mundo de las finanzas se caracteriza también por la financiación externa a largo plazo. Este tipo de financiamiento se puede obtener con la emisión y venta de acciones ordinarias o preferentes. Hoy en día la compraventa de acciones se suele realizar por medio de corredores o agentes de bolsa que utilizan las computadoras y las telecomunicaciones para efectuar tales transacciones con gran rapidez. El documento a continuación representa una orden de compra en bolsa.

**ORDEN DE COMPRA EN BOLSA NUM.**

| Fecha | Bolsa De: |
|---|---|
| 10/7/91 | México |

| CANTIDAD | CLASE DE VALOR | CAMBIO LIMITE | PLAZO DE VALIDEZ |
|---|---|---|---|
| 150 | MERCATEC—Comunes | 7.500.000 | Hasta 21/7/91 |
| 125 | SUPEPRODUCTOS, S. A.—Comunes | 8.000.000 | Hasta 20/8/91 |

**POLIZA A NOMBRE DE:** María Gómez Riera

**DOMICILIO:** Avda. Central No. 68   **PLAZA:** Puebla

**CODIGO DEPOSITANTE:** 142668   **NACIONALIDAD:** Mexicana   **PAIS DE RESIDENCIA:** México   **CLASE DE MONEDA:** Peso

[x] **DEPOSITAR VALORES EN SUS CAJAS**

**OTRAS INSTRUCCIONES SOBRE EL DEPOSITO:** Aviso sobre compra

**ORDENANTE/S:** Marta Gómez Riera

**DOMICILIO:** Avda. Central No. 68   **PLAZA:** México, D.F.   **ADEUDAR EN CUENTA NO.** 21462

**OBSERVACIONES:** Ninguna

El abajo firmante hace constar que conoce el significado
y la transcendencia de la presente orden.

El ordante,

*María Gómez Riera*

Nombre_____ Clase_____ Fecha_____

**DOCUMENTO MODELO 10-2. FAX O FACSIMIL**

---

                                           **Fax**

**Nombre de su empresa:**    **TRANSPORTES INTERAMERICANOS PERALTA**

**Dirección de su empresa:**   **Calle Marina 540**
                                       **Montevideo**

**País:**                        **Uruguay**

**Teléfono:**    **30-698-54**

**Fax No.:**     **30-698-55**

---

**A:** _____

**Número de teléfono** _____     **Número de fax** _____

**Copia a:** _____

**De:** _____

**Asunto:** _____

**Número de páginas (incluida ésta)** _____

**Fecha:** _____

---

**Mensaje:**

Nombre_____ Clase_____ Fecha_____

**INFORME PERSONAL**

Si alguien le pidiera a otra compañía un informe comercial sobre la empresa de usted, ¿qué elementos le gustaría a Ud. ver incluidos? Prepare a continuación en un fax una lista de lo que a Ud. le gustaría ver en tal informe.

---

**Fax**

**Nombre de su empresa:**

**Dirección de su empresa:**

**País:**

**Teléfono:**

**Fax No.:**

---

**A:** _____

**Número de teléfono** _____   **Número de fax** _____

**Copia a:** _____

**De:** _____

**Asunto:** _____

**Número de páginas (incluida ésta)** _____

**Fecha:** _____

**Mensaje:**

Nombre_____ Clase_____ Fecha_____

**Problema númerico-comercial 10-1.**

Para lanzarse al mercado internacional y establecer varias filiales en el Uruguay, la compañía estadounidense «Chemeco» decide ofrecer al público acciones valorizadas a $225.000.000.

Haga los siguientes ejercicios:

(1) ¿Cuántas acciones con un valor nominal de $37,50 tendría que vender la empresa para lograr la inversión inicial?

(2) ¿Cuánto sería el importe de 300 acciones si Ud. las comprara al valor nominal?

(3) ¿Cuánto ganaría Ud. si el valor nominal de las 300 acciones subiera a $42,50 seis meses después?

Nombre _____ Clase _____ Fecha _____

# CAPITULO 11

# La entrada en el mercado internacional

## PREGUNTAS DE ORIENTACION

**Al hacer la lectura, piense Ud. en las respuestas a las siguientes preguntas.**

- ¿Qué preparativos y trámites tiene que realizar un comerciante antes de emprender un viaje al extranjero?
- ¿Para qué sirve la carta de presentación y qué información debe incluir?
- Cuando se redacta la carta de reservación de hotel, ¿qué datos deben precisarse? ¿Y en la de cancelación?
- ¿Cómo deben ser las cartas de solicitud de representación exclusiva?
- ¿Qué es un recibo?

## BREVE VOCABULARIO UTIL

**alojamiento** *lodging*
**aplazamiento** *postponement*
**carta de** *letter of (type of letter)*
　_____ **cancelación** *cancellation letter*
　_____ **presentación** *letter of introduction*
　_____ **reservación** *reservation letter*
　_____ **solicitud de representación exclusiva** *letter requesting exclusive representation*
**divisa** *foreign currency*
**estancia** *stay*
**política de cobro** *collection policy*
　_____ **de compras** *purchasing policy*
　_____ **de ventas** *sales policy*
**recibo** *receipt*
**talón (m)** *stub, check*
**talonario** *receipt book, checkbook*

Nombre_____ Clase_____ Fecha_____

## LECTURA

## Cartas y documentos usados en los viajes al extranjero

Antes de emprender un viaje de negocios al extranjero, hay que redactar y expedir cartas y documentos para poner en marcha los negocios en el país visitado. Entre los más importantes figuran los que se describen a continuación.

**La carta de presentación**

En general, la carta de presentación sirve para anunciar la visita de un representante, agente o misión comercial, pidiendo que el destinatario brinde toda la colaboración o información posible. Empieza por presentarle al visitante, indicando los motivos de su visita y pidiendo la ayuda del destinatario. Termina agradeciéndole a éste su atención y cooperación.

**La carta de reservación y cancelación**

Esta carta suele enviarse al hotel antes del viaje al extranjero. Señala las fechas de estancia del viajero, el tipo de alojamiento que debe prepararse y la manera de pago. También suele pedirse una confirmación de la reservación. A veces es necesario aplazar o cancelar un viaje o una reservación. En este caso, hay que enviar por correo o faxear, a la mayor brevedad posible, una carta precisando todos los detalles afines. En el caso de un aplazamiento, hay que comunicar las nuevas fechas y condiciones de la reservación, pidiéndole al hotel una confirmación y agradeciendo la atención prestada.

**La carta de solicitud de representación exclusiva**

Esta se redacta para obtener nuevos negocios. En general, comunica que la compañía solicitante ha hecho una investigación de los productos o servicios de otra compañía con resultados positivos y que, por lo tanto, le solicita a ésta la representación exclusiva. También, la compañía solicitante suele proporcionar información acerca de su experiencia en el sector comercial señalado, así como referencias bancarias, comerciales o industriales. Termina esta carta con pedirle a la compañía datos respecto a su política de ventas y cobros y sus medios publicitarios y condiciones contractuales.

**La carta de respuesta a la de solicitud de representación exclusiva**

La carta de respuesta hace constar la oferta de representación o su denegación, precisando las condiciones de la oferta o los motivos de denegación. Además, suelen adjuntarse o enviarse por separado los catálogos o la información solicitada con la petición de que la empresa solicitante los revise para llegar a un acuerdo definitivo.

**La carta de agradecimiento de ayuda**

Sirve para agradecerle a uno la ayuda que se le ha proporcionado a otro durante un viaje. La puede escribir o el viajero o su supervisor. Es importante esta carta para establecer y mantener buenas relaciones comerciales.

**Recibo**

El recibo es el documento que confirma haber recibido algo. Suele tener varios modelos impresos y consta de un talón en el que se anotan los datos esenciales del recibo y el recibo propiamente dicho, el cual se le da al cliente A veces consta de dos hojas, una original y otra copia de carbón, las cuales eliminan el uso del talón.

Nombre _____   Clase _____   Fecha _____

## CARTA MODELO 11-1. CARTA DE RESERVACION

Lea la siguiente carta y haga los ejercicios a continuación.

---

**AGRIMEC, Inc.**
600 Minnesota Avenue
Kansas City, Kansas 66101
Tel (913) 562-7000    Fax (913) 562-2849

16 de marzo de 199_

HOTEL EXCELSIOR
C. San Martín, 200
Mendoza, Argentina

Muy señores míos:

El gerente técnico de ventas de esta sociedad, el Sr. Scott Nesbitt, <u>viajará</u> a Mendoza el 15 de mayo para participar en la <u>exposición</u> agrícola que se celebrará en esa <u>plaza</u>.

Con este motivo, mucho les agradeceremos <u>reservar</u> a nombre de nuestra firma en favor del Sr. Nesbitt, un <u>cuarto sencillo</u>, exterior, para <u>los días</u> 15 a 20 de mayo. El <u>precio</u> correspondiente pueden <u>cobrarlo</u> a la cuenta que mantenemos con Uds.

Les gradeceremos su pronta confirmación y quedamos de Uds. atentamente,


Mary James
Secretaria de Ventas

---

## EJERCICIOS

1. Dé un sinónimo de las siguientes palabras o frases, usando las que están subrayadas en la carta 11-1 y otras que Ud. conozca.

   a. efectuar una reservación _____

   b. cargarlo _____

   c. importe _____

   d. ciudad _____

   e. feria _____

   f. se deplazará _____

   g. habitación individual _____

   h. las fechas _____

Copyright © 1997 by Holt, Rinehart and Winston, Inc. All rights reserved.

Nombre_____ Clase_____ Fecha_____

2. Vuelva a escribir el texto de la carta 11-1, reemplazando las palabras subrayadas en la carta con las del ejercicio anterior. Haga todos los demás cambios que resulten necesarios.

Nombre _____  Clase _____  Fecha _____

## CARTA MODELO 11-2.  CARTA DE SOLICITUD DE REPRESENTACION EXCLUSIVA

**MAQUINAS AGRICOLAS, S.A.**
Avda. San Martín 100
Mendoza, Argentina
Tel. 345 54 90    Fax 345 54 57

15 de julio de 199_

Sr. Liam Maynard
Vice Presidente de Marketing
AGRIMEC, Inc.
600 Minnesota Avenue
Kansas City, Kansas  66101

Distinguido Sr. Maynard:

Estuvimos recientemente en la exposición realizada por su firma en Mendoza en la Feria Internacional de Máquinas Agrícolas y quedamos impresionados por lo que hemos visto. En verdad, después de un estudio detenido de la gama de productos que Uds. ofrecen, quisiéramos nos concedieran la representación exclusiva para el mercado Mercosur.[1]

Además de dos décadas de experiencia en el campo de la compraventa de maquinaria agrícola y un conocimiento de los mercados de la región, contamos con una red de distribución que se extiende desde Buenos Aires hasta Manaus[2], asegurando así la venta en gran escala de sus productos.

Confiamos en que nuestras referencias bancarias y mercantiles, las cuales adjuntamos con la presente, le serán de su completa satisfacción y que nuestra relación será mutuamente lucrativa.

Si esta propuesta le interesa, sírvase informarnos en cuanto a los descuentos, plazos y formas de pago, costo mínimo de ventas, publicidad con que pudieran asistirnos y, en general, cuáles serían las condiciones para celebrar un contrato de representación exclusiva.

En espera de su pronta respuesta, quedamos a sus órdenes,

MAQUINAS AGRICOLAS, S. A.


Diego de Velázquez
Gerente General

Anexos:  referencias mercantiles y bancarias

---

[1] Mercosur: region geográfica comercial que comprende la Argentina, el Brasil, el Paraguay y el Uruguay.

[2] Manaus: ciudad comercial brasileña

Nombre_____ Clase_____ Fecha_____

**EJERCICIO**

Traduzca al inglés las siguientes partes de la carta modelo 11-2: saludo, texto, despedida.

_____:

Nombre _____  Clase _____  Fecha _____

**CARTA MODELO 11-3. CARTA DE PRESENTACION**

---

AGRIMEC, Inc.
600 Minnesota Avenue
Kansas City, Kansas 66101
Tel. (913) 562-7000   Fax (913) 562-2849

September 22, 199_

Sr. Diego de Velázquez
General Manager
MAQUINAS AGRICOLAS, S. A.
Avda. San Martín 100
Mendoza, Argentina

Dear Mr. Velázquez:

I would like to inform you that our technical sales manager, Mr. Scott Nesbitt, will be traveling to Argentina on the 18th of October for one week to demonstrate our new line of farm equipment. As you know, our company is offering these products at very competitive prices with new and special long-term service contracts.

Since Mr. Nesbitt is looking forward to meeting you and possibly signing the contracts of exclusive representation, I would appreciate any assistance and courtesies you could extend to him during his stay. He will call you to set up an appointment upon his arrival in Mendoza.

Thanking you in advance for your kind help and attention in this matter, I remain

Very truly yours,


Liam Maynard
Vice President, Marketing

LM/kg

---

## EJERCICIOS

Traduzca al español las siguientes partes de la carta 11-3: saludo, texto, despedida.

_____ :

_____

_____

_____

Nombre_____ Clase_____ Fecha_____

Nombre _____  Clase _____  Fecha _____

**BORRADOR DE CARTA MODELO 11-4. CARTA AGRADECIENDO AYUDA**

¡Ojo! La siguiente carta tiene errores de tipo gramatical u ortográfico. Ud., como gerente, es la persona que firma la carta y por eso es necesario comprobar que no haya ningún error. Lea la carta cuidadosamente y después haga las correcciones directamente en el texto de la carta abajo, de modo que la versión final se pueda enviar libre de errores al destinatario.

---

**AGRIMEC, Inc.**
**600 Minnesota Avenue**
**Kansas City, Kansas 66101**
Tel. (913) 562-7000   Fax (913) 562-2849

27 de mayo de 199__

Sr. Diego de Velázquez
Gerente General
MAQUINAS AGRICOLAS, S.A.
Avda. San Martín 100
Mendoza, Argentina

Distinguido Sr. Velázquez:

Tenemos el placer de digirles a Ud. para agradecerle todas las facilidades que ha prestando al nuestro representante, el Sr. Scott Nesbitt, durante su estancia en Mendoza. Estamos seguros de que sin su amable colaboración el no habría podido tener éxito en sus actividades en esa ciudad. En verdad, el Sr. Nesbitt quedo muy impresionado con su empresa y espera que la posada vista resulta en el comienzo de una relación comercial duradera y mutuomente lucrativa.

Esperando volver pronto todas las atenciones recibidas, le saludamos a Ud. muy cordialmente,

AGRIMEC, Inc.


Liam Thomas
Vicepresidente, Márketing

MT/mj

Nombre _____ Clase _____ Fecha _____

**REDACCION DE UNA CARTA**

Redacte una carta comercial en español según uno de los siguientes supuestos.

1. Write a letter postponing the reservation made in letter 11-1 due to a change in Mr. Nesbitt's plans. Refer to the hotel's letter confirming the original dates and make a new reservation for May 30th asking for the same arrangements.

2. On behalf of AGRIMEC, Inc., write a reply to letter 11-2, offering exclusive representation to MAQUINAS AGRICOLAS, S. A. Be sure to include all information requested in letter 11-2.

**DOCUMENTO MODELO 11-1. EL RECIBO**

| LIBROS ARGENTINOS | LIBROS ARGENTINOS, S. C. <br> C. Florida, 451 <br> B. Aires, Arg. | Núm. _8177_ <br><br> _12 de agosto de 199—_ |
|---|---|---|
| No.: _8177_ <br> Fecha: _8/12/9—_ <br> Sr./a. _María Ortuño_ <br> Cantidad: _70.00 por la compra de 10 ejemplares de <<FICCIONES>> de Jorge Luis Borges_ | Recibimos de Sra. María Ortuño la cantidad de 70 pesos argentinos por la compra de diez ejemplares de <<FICCIONES>> de Jorge Luis Borges <br><br> José Luis Ongay <br> Gerente General | |

Nombre_____  Clase_____  Fecha_____

## EJERCICIO

Complete el talón y el recibo con la siguiente información, firmándolo como gerente de ventas.

    No.: 3.177
    Fecha: 12 junio 199__
    Destinatario: Sra. Pilar Giusti
    Por: 850 pesos argentinos
    Para compra: una lavadora de platos

| ALMACENES MARIN, S.A. | ALMACENES MARIN, S.A.<br>C. Córdoba 800<br>Buenos Aires, Argentina | Núm. _____ |
|---|---|---|
| No.: _____ | | |
| Fecha: _____ | | |
| Sr./a. _____ | Recibimos de _____ la cantidad de _____ | |
| Cantidad: _____ | por _____ | |
| _____ | _____ | |
| _____ | | Gerente General |

Nombre_____ Clase_____ Fecha_____

**Problema numérico-comercial 11-1.**

Ud. trabaja para <<Tecno>>, compañía que elabora e instala sistemas informáticos y a la cual le interesa entrar al mercado del Cono Sur, en especial a Argentina. Como va a haber una feria comercial semanal en Buenos Aires en dos meses, <<Tecno>> le envía a Ud. como vendedor técnico para presentar varios productos nuevos. Sin embargo, como ésta es la primera tentativa de <<Tecno>> de ingresar en el mercado sudamericano, sólo le proporciona a Ud. $4.000 para el viaje. Al hacer los trámites necesarios, Ud. empieza a calcular los gastos del viaje basados en los siguientes datos:

| PARTIDA | COSTE TOTAL |
|---|---|
| Vuelo de ida y vuelta ($1.200) | _____ |
| Estancia hostelera (6 noches, $200/noche) | _____ |
| Comidas ($100 diarios/6 días) | _____ |
| Automóvil alquilado ($60/diarios, 6 días) | _____ |
| Gastos extraordinarios (teléfonos, fax, etc., $200) | _____ |
| Presupuesto original ($4.000) | _____ |
| Saldo | _____ |

Haga los siguientes ejercicios:

(1) ¿Cuánto costará el viaje en total?

(2) ¿Se le quedaría a Ud. algún dinero después de sufragar los gastos principales? ¿Cuánto?

**INFORME PERSONAL**

Su propia empresa desea abrir una sucursal en otro país hispanoparlante con el cual Ud. ha tenido contacto personal. Escriba un informe que precisa las investigaciones y los trámites que hay que emprender antes de entrar en ese mercado. ¿Cuáles son las fuentes de información que le pueden ayudar con estas investigaciones? Los resultados de este plan de investigaciones sobre este país van a formar la base de un informe para todo el ejercicio actual sobre la posible entrada en este mercado.

# Importación y exportación

**CAPITULO 12**

---

### PREGUNTAS DE ORIENTACION

**Al hacer la lectura, piense Ud. en las respuestas a las siguientes preguntas.**

- ¿Cuáles son los elementos claves de la importación y la exportación?
- ¿Cuáles son algunas de las cartas típicas relacionadas con la importación y la exportación?
- ¿Qué detalles se incluyen en la correspondencia sobre la importación y la exportación?
- ¿Cuáles son algunos de los documentos que suelen utilizarse en la importación y la exportación?

---

## BREVE VOCABULARIO UTIL

**albarán (m)**  *delivery invoice*
**ave (f)**  *bird, fowl*
**carta de porte aéreo**  *airway bill*
**certificado sanitario**  *health certificate*
**consignatario (m)**  *consignee, receiver of a shipment of goods*
**convenido**  *agreed*
**corriente (f)**  *current, flow*
**elemento clave**  *key element*
**envase (m)**  *packing, packaging*
**estatuilla**  *figurine*
**guía aérea**  *airway bill*
**hoja de ruta**  *waybill, route sheet*
**peletería**  *fur shop*
**plaza**  *location, place, city*
**plazo de entrega**  *delivery schedule*
**vapor (m)**  *ship, steamer*

Nombre_____ Clase_____ Fecha_____

## LECTURA

### Ofertas y pedidos de mercancía

El comercio internacional se caracteriza por el doble movimiento de la importación y exportación, es decir, la compraventa de bienes y servicios que cruzan las fronteras nacionales. Igual que en la compraventa nacional de un país, los elementos claves en la importación y exportación son que el exportador (vendedor) tiene que hacer llegar su producto o servicio al importador (comprador en otro país), asegurándose a la vez que recibirá el pago convenido entre él y el cliente. En este proceso hay tres corrientes básicas: l) el movimiento físico de la mercancía del exportador al importador, 2) los distintos documentos requeridos (facturas, instrucciones para el embarque, hojas de ruta, etc.) que acompañan la mercancía y 3) los documentos financieros (la forma de pago) que se mueven en dirección contraria, es decir, de comprador a vendedor, mientras que la mercancía se va acercando a las manos del comprador.

Entre las cartas típicas que se pueden relacionar con la importación y exportación, figuran las siguientes: solicitud de cotización de precios y cotización de precios; pedido de mercancía y acuse de recibo de pedido; cancelación de un pedido o anuncio de descontinuación de mercancías; solicitud de seguros para las mercancías que se envían; envío de mercancías; aviso de error en el envío de mercancías y reclamación por mercancías no recibidas debidamente. En todas estas cartas es importante comunicarse de modo claro y preciso, haciendo referencia a los detalles como: *qué* es (una descripción) lo que se ha pedido o enviado, para *cuándo* se ha pedido o enviado, *cómo* se efectuará el envío y *quién* se encarga del pedido o envío. Para ayudar a evitar cualquier confusión o posibles problemas, también hace falta incluir elementos como: l) los *números* (de factura, conocimientos de embarque, etc.) relevantes que identifiquen el pedido o el envío de mercancías, 2) la *cantidad* de mercancía pedida o enviada y 3) el *precio* unitario y total de la mercancía.

Entre los documentos que suelen utilizarse en la importación y la exportación, figuran los siguientes:

1. La licencia o el permiso de importación o exportación
2. Los instrumentos de pago, como los giros y las cartas de crédito
3. Los seguros para proteger el envío de las mercancías
4. Los conocimientos de embarque para los transportistas
5. Los certificados de origen
6. Los certificados sanitarios para plantas, animales y ciertos comestibles
7. Las declaraciones y facturas consulares del país importador, las cuales permiten fijar los aranceles que hay que pagar y comprueban que el exportador ha presentado los documentos comerciales requeridos
8. Los certificados de recepción de mercancías.

**¿QUE SABE UD. DE LAS OFERTAS Y PEDIDOS DE MERCANCIA?** Vuelva a las preguntas de orientación que se hicieron al principio del capítulo y ahora contéstelas en oraciones completas en español.

1. _____
   _____
   _____

Nombre_____ Clase_____ Fecha_____

2. _____
_____

3. _____
_____
_____

4. _____
_____
_____

**CARTA MODELO 12-1. SOLICITUD DE OFERTA**

Lea la siguiente carta y haga los ejercicios a continuación.

---

**LIBRERIA AL DIA**
Unamuno, 77
San Diego, California 92041
Tel. (616) 555-5515

18 de mayo de 199__

EDITORES TRUJILLO
Gran Vía, 120-122
02460 Madrid, España

Señores:

Rogamos nos <u>remitan</u> <u>en cuanto antes</u> una copia de su catálogo CLASICOS DE NUESTRA EPOCA, con <u>libros</u> y precios <u>en vigor</u> hasta el mes de agosto. En particular, nos interesa recibir cualquier información que tengan sobre la novela universal del siglo XX, títulos españoles y de traducciones del inglés, francés, alemán y ruso. Debido a <u>al gran número</u> de preguntas recibidas últimamente de nuestros clientes, pensamos que el género puede tener una excelente salida durante los próximos seis meses entre el público general de nuestra librería. Agradeceremos que nos coticen cualquier <u>rebaj</u>a sobre <u>órdenes</u> y que también nos <u>aclaren</u> <u>períodos</u> de entrega y <u>modo</u> de envío.

En espera de su pronta contestación, quedamos de Uds. atentamente,

LIBRERIA AL DIA


María Carmen Salinas
Directora

Nombre_____ Clase_____ Fecha_____

**EJERCICIOS**

1. Dé un sinónimo de las siguientes palabras o frases, usando las que están subrayadas en el memorándum y otras que Ud. conozca.

   a. la cantidad _____
   
   b. descuento _____
   
   c. vigentes _____
   
   d. forma _____
   
   e. plazos _____
   
   e. pedidos _____
   
   f. indiquen _____
   
   g. envíen _____
   
   h. ediciones _____
   
   i. a la mayor brevedad posible _____

2. Vuelva a escribir el texto de la carta 12-1, reemplazando las palabras subrayadas en la carta con las del ejercicio anterior. Haga todos demás cambios que resulten necesarios.

_____
_____
_____
_____
_____
_____
_____
_____
_____
_____
_____
_____
_____
_____

Nombre_____  Clase_____  Fecha_____

**CARTA MODELO 12-2. PEDIDO DE MERCANCIA**

**LIBRERIA AL DIA**
Unamuno, 77
San Diego, California 92041
Tel. (616) 555-5515

14 de junio de 199__

EDITORES TRUJILLO
Gran Vía, 120-122
Madrid, España

Señores:

Nos es grato acusar recibo del catálogo suyo, CLASICOS DE NUESTRA EPOCA, recibido el 22 del mes p. pdo.

Rogamos se sirvan remitir el siguiente pedido de títulos, condicionado a un plazo de entrega no superior a los veinte días de la fecha indicada arriba.

| CANTIDAD | TITULO | AUTOR | PRECIO UNITARIO | PRECIO TOTAL |
|---|---|---|---|---|
| 12 ejemplares | Primera memoria | Matute | 1.750 ptas. | |
| 15 " | Las uvas de la ira | Steinbeck | 1.500 " | |
| 25 " | El extranjero | Camus | 1.250 " | |
| 20 " | La montaña mágica | Mann | 2.200 " | |

TOTAL _____

Menos 10% de descuento =

IMPORTE FINAL _____

Comprendemos que el transporte será por vapor y que el pago se efectuará por talón bancario contra entrega. Quedamos de Uds. atentamente,

LIBRERIA AL DIA


María Carmen Salinas
Directora

Nombre_____ Clase_____ Fecha_____

**EJERCICIO: ¿ES UD. BUENO/A PARA LAS MATEMATICAS?**

Calcule el precio total de cada mercancía. ¿Cuánto será el importe total antes del descuento? ¿el descuento? ¿el importe final?

**EJERCICIO**

Traduzca al inglés las siguientes partes de la carta modelo 12-2: saludo, texto, despedida. Incluya los precios totales y el importe final.

_____ :

_____
_____
_____
_____
_____
_____
_____
_____
_____
_____
_____
_____
_____
_____
_____
_____
_____
_____
_____
_____
_____

Nombre_____  Clase_____  Fecha_____

**CARTA MODELO 12-3. DESCONTINUACION DE MERCANCIAS**

---

SHUS FOR U
3744 Canal St.
Raleigh, N.C. 22056
Tel. (919) 555-6262

February 27, 199__

Mr. Pablo Fernández
CALZACALIDAD
Miraflores No. 48
Lima, Peru

Dear Mr. Fernández:

Thank you for your recent order of shoes from SHUS FOR U. I regret to inform you that we are unable to satisfy your request for two of the styles carried in last year's catalog: YOUNGBOYS No. 8 and PLAYWEAR No. 3. As you will see in the new enclosed catalog, we no longer make these two models. We think you will find, however, that our new and improved line of products offers several models of better quality and for a better price. Please look over the catalog to see if you find something else to your liking. In the meantime, we will be shipping the other items listed in your order No. 1453.

Sincerely yours,

Victoria Berman
Manager

---

**EJERCICIOS**

Traduzca al español las siguientes partes de la carta 12-3: saludo, texto, despedida.

_____:

_____
_____
_____
_____
_____
_____

Nombre_____  Clase_____  Fecha_____

_____
_____
_____
_____
_____
_____ ,

**BORRADOR DE CARTA MODELO 12-4. ENVIO DE MERCANCIA**

¡Ojo! La siguiente carta tiene errores de tipo gramatical u ortográfico. Ud., como gerente, es la persona que firma la carta y por eso es necesario comprobar que no haya ningún error. Lea la carta cuidadosamente y después haga las correcciones directamente en el texto de la carta agajo, de modo que la versión final se pueda enviar libre de errores al destinatario.

**EXPORTS PROVEEDORES**
**Lucanor No. 85**
**Lima, Perú**

14 de noviembre de 199__

Sr. Miguel Soto Manrique
FERRETERIA SOTO
Avda. Mayor de Gracia No. 368
San Juan, Puerto Rico

                                       Ref: Orden No. 467, 10 de noviembre 199__

Estimado Sr. Soto:

Según sy orden No. 467, recibido el 10 del actual, hemos enviado por medio del vapor TRANSMAR la mercancia que se detalla en la fatura ajunta. También se incluyen con ésta los documentos de embarque y la polisa de seguro que Ud. nos habia encargado. El costo total del envio, $765 (EUA), le hemos cargado a su cuenta, como de costumbre. Deberán recibir su orden antes del día 24 del presente.

Le agradecemos esta oportunidad de ser util y esperamos poder servirle de nuevo en un futuro próximo.

Muy atentamente,

EXPORT PROVEEDORES

Luisa Angelica Barrera
Gerente

Nombre_____  Clase_____  Fecha_____

**REDACCION DE UNA CARTA**

Redacte una carta comercial en español según uno de los siguientes supuestos.

1. Your company (PELETERIA CALIDAD, c/Alhambra, 33, Córdoba, España) has received an order for the following merchandise: 12 brown leather jackets for men, 8 black leather jackets for men, 10 coffee-colored jackets for women, and 6 red leather hats for women. Write to Ms. Susana Benavides (ABRIGOS CALITE, Ronda San Pablo No. 14, Bogotá, Colombia) to inform her that her order No. 1664 cannot be shipped by the dates stipulated due to an airport strike. Inform her that you could send the merchandise by sea and ask her what she would like for you to do under the circumstances.

2. You have received a shipment from CERAMICAS NOER (Independencia No. 456, Guadalajara, Mexico). Inform them that three of the figurines *(estatuillas)* model No. 14 arrived broken and that there has also been a mistake in the order: you wanted two figurines in model No. 21, not the model No. 27 you received. Ask CERAMICAS NOER to send model No. 21 immediately and to send replacements for model No. 14. Inform them that you are returning the broken figurines, and discounting the cost of shipment from your bill.

Nombre _____  Clase _____  Fecha _____

**DOCUMENTO MODELO 12-1. PERMISO DE EXPORTACION**

## PERMISO DE EXPORTACION

No. _68405_

De acuerdo con las disposiciones legales vigentes se autoriza la exportación indicada a continuación:

EXPORTADOR: *Alimentos Marinmundo, S.A.*

PUERTO DE EMBARQUE: *Guayaquil, Ecuador*

VAPOR O AVION: *Vapor LISA VICTORIA*

DESTINO: *Houston, Texas, (U.S.A.)*

CONSIGNATARIO: *Parker Seafoods*

| PRODUCTO | CANTIDAD | ENVASE | KILOS NETOS | PRECIO UNITARIO | VALOR FOB |
|---|---|---|---|---|---|
| *Camarón* | *45 cajas* | *Latas* | *1.484* | *85,00 (U.S.A.)* | *$94,00 (U.S.A.)* |

El presente permiso es gratuito, válido para un sólo embarque y vence ___*a día 20*___ de ___*abril*___ de 199 _*7*_

Nombre_____ Clase_____ Fecha_____

**EJERCICIO**

Complete el modelo de Permiso de Exportación a continuación con una serie de datos ficticios.

---

**PERMISO DE EXPORTACION**   No._____

De acuerdo con las disposiciones legales vigentes se autoriza la exportación indicada a continuación:

EXPORTADOR:

PUERTO DE EMBARQUE:

VAPOR O AVION:

DESTINO:

CONSIGNATARIO:

| PRODUCTO | CANTIDAD | ENVASE | KILOS NETOS | PRECIO UNITARIO | VALOR FOB |
|---|---|---|---|---|---|
|  |  |  |  |  |  |

El presente permiso es gratuito, válido para un sólo embarque y vence _____

_____ de _____ de 199 ____

Nombre _____ Clase _____ Fecha _____

**DOCUMENTO MODELO 12-2. EXTRACTO DE CERTIFICADO DE ORIGEN**

| Expedidor | No. | |
|---|---|---|
| *SEGADE, S.A.*<br>*Avda. Gades*<br>*Caracas, Venezuela* | *64673* | ORIGINAL |
| Destinatario<br><br>*DOFRYCE IMPORTS*<br>*163 St. Charles Avenue*<br>*New Orleans, Louisiana* | **CERTIFICADO DE ORIGEN** | |
| | País de origen<br><br>*Venezuela* | |
| Informaciones relativas al transporte (Mención facultativa)<br><br>*Por vapor* | Observaciones | |

| No. de orden, marcas, numeración, número y naturaleza de los bultos, designación de las mercancías | Cantidad |
|---|---|
| *Nos. 6041/6042*<br><br>*SUPERTEXTIL DTIX (tela industrial)*<br><br>*26 cajas cartón reforzado* | *5.938 kgs. neto* |

La autoridad que suscribe certifica que las mercancías designadas son originarias del país de origen

Lugar y fecha de expedición, nombre, firma y sello de la autoridad competente

Nombre_____ Clase_____ Fecha_____

**EJERCICIO**

Complete el extracto de modelo de Certificado de Origen a continuación con una serie de datos ficticios.

| Expedidor | No. | |
| --- | --- | --- |
| | | ORIGINAL |
| Destinatario | **CERTIFICADO DE ORIGEN** | |
| | País de origen | |
| Informaciones relativas al transporte (Mención facultativa) | Observaciones | |

| No. de orden, marcas, numeración, número y naturaleza de los bultos, designación de las mercancías | Cantidad |
| --- | --- |
| | |

La autoridad que suscribe certifica que las mercancías designadas son originarias del país de origen

Lugar y fecha de expedición, nombre, firma y sello de la autoridad competente

Nombre_____  Clase_____  Fecha_____

**DOCUMENTO MODELO 12-3. CERTIFICADO SANITARIO**

## CERTIFICADO DE INSPECCION SANITARIA

D. *Felipe Noguer Benavides*
INSPECTOR DE LOS SERVICIOS DE SANIDAD EXTERIOR DE *España*
CERTIFICA: Que se ha procedido a inspeccionar los productos que a continuación se detallan emitiendo el correspondiente dictamen Sanitario.

### I. IDENTIFICACION DE LOS PRODUCTOS

| PART. Y POSIC. ARANCELARIA | PRODUCTO | MARCAS O ETIQUETAS | MODO DE CONSERVACION | TIPO DE ENVASE | NO. DE BULTOS | KG BRUTOS | KG NETOS |
|---|---|---|---|---|---|---|---|
| 0193486 | azafrán ancha | rtdo. | envase | plástico | 25 | 210,6 | 190,4 |

### II. PROCEDENCIA DE LOS PRODUCTOS

| EXPORTADOR | NO. REG. SANIT. | DIRECCION |
|---|---|---|
| CASERA, S.A. | 24405-B461 | c/Conde Dugue 13401 Sevilla |

| PAIS DE ORIGEN | PAIS DE PROCEDENCIA |
|---|---|
| España | España |

### III. DESTINO DE LOS PRODUCTOS

| IMPORTADOR | NO. REG. SANIT. | DIRECCION |
|---|---|---|
| BERNSTEIN ASSOCIATES | 026327 | 172 Wisconsin Blvd. Milwaukee, Wisconsin 60322 |

### IV. OTROS DATOS

| AGENTE DE ADUANAS | DIRECCION |
|---|---|
| José Arturo Zamora | Avda. Puerto Cádiz |

| FECHA LLEGADA/(SAL) | MEDIO DE TRANSPORTE | LUGAR DE ALMACENAJE |
|---|---|---|
| 29-9-91 | avión | Almacén Iberia |

| CERTIFICADO SANITARIO DE ORIGEN | AUTORIZACION IMPORTACION/EXPORTACION | ADUANA |
|---|---|---|
| No. 323657 | No. 121865 | Aeropuerto Madrid |

OBSERVACIONES
*"para la expedición del certificado de no radioactividad"*

### V. DICTAMEN SANITARIO EN EL MOMENTO DE LA INSPECCION

EL INSPECTOR

FECHA

Nombre_____  Clase_____  Fecha_____

**DOCUMENTO MODELO 12-4. FORMULARIO DE CARTA DE CREDITO IRREVOCABLE**

| | |
|---|---|
| <div align="center">CREDITO IRREVOCABLE NO   *016431*</div> ||
| Banco notificador<br><br><div align="center">*Cariblántico*</div> | Por cuenta de<br><br>*Proveedores Salinas, S.A.* |
| Beneficiario<br><div align="center">*Mantell, Inc.*<br>*62 Lake Blvd.*<br>*Chicago,*<br>*Illinois*</div> | Por el importe de<br>     *$12.462 (U.S.A.)*<br>Válido en esta plaza hasta<br>     *4 agosto 199—* |

SUJETO A LAS REGLAS Y USOS UNIFORMES PARA CREDITOS DOCUMENTARIOS DE LA CAMARA DE COMERCIO INTERNACIONAL, UTILIZABLE CON UDS. PARA

... Negociación / (**pago**)

... (**A la vista**) / contra

... De un efecto librado por los beneficiarios, marcado con el No. de este crédito, a cargo de *A. Gómez* vencimiento ___*60*___ días de ___*embarque*___ acompañado de los siguientes documentos, que deben sernos remitidos en ___*Toledo, España*___ correo certificado, a presentar al banco negociador de los ___*60*___ días siguientes a la expedición de la mercancía, pero dentro de la validez del crédito: ___*60 días*___.

... Factura comercial firmada, cuyo importe no deberá exceder al del crédito

... Albarán de entrega:   *No. 04127*

CUBRIENDO EL ENVIO DE   *16 bultos artesanía española*

DESDE   *Toledo, España*            HASTA   *Chicago, U.S.A.*

TRANSBORDOS PERMITIDOS   *Dos (vapor y camión)*

NOTIFICACION: (Plaza, fecha, nombre y firma del banco notificador)   *Cariblántico*
                                                                                                                                                   *Gran Vía, 47*
                                                                                                                                                    *02216 Madrid, España*

Nombre_____ Clase_____ Fecha_____

**Problema numérico-comercial 12-1.**

Se dan a continuación, desde 1992 a 1994, los valores de las importaciones (I) y exportaciones (E) en mil millones de dólares entre los países de habla española y los Estados Unidos. (Fuente: *The American Almanac. Statistical Abstract of the United States.* Austin, Texas: The Reference Press, Inc., 1995-96, pp. 819-822.)

| Comercio internacional entre EE.UU. y países hispanohablantes | | | | | |
|---|---|---|---|---|---|
| 1992 | | 1993 | | 1994 | |
| E | I | E | I | E | I |
| 69.929 | 60.035 | 70.358 | 65.872 | 82.376 | 79.098 |

Haga los siguientes ejercicios:

(1) Calcule el balance de pagos por cada año. ¿En qué años hubo déficit y en qué años hubo superávit?

(2) ¿Qué se puede decir de las presentes y futuras relaciones comerciales entre EE.UU. y el mundo hispánico a base de las estadísticas arriba citadas?

**INFORME PERSONAL**

Su empresa busca nuevos mercados de exportación con otro país hispanohablante. Prepare una lista de productos que exportaría Ud. y explique por qué.

# Perspectivas para su futuro en el comercio internacional

**CAPITULO 13**

## PREGUNTAS DE ORIENTACION

**Al hacer la lectura, piense Ud. en las respuestas a las siguientes preguntas.**

- ¿Qué es un informe anual?
- ¿Qué es una carta de transmisión del presidente?
- ¿Qué elementos se deben incluir en una carta de transmisión y cuál es la importancia de cada uno?
- ¿Por qué se mencionan tantos reglamentos, convenios, artículos y contratos en la carta de transmisión?
- ¿Hay una antefirma en la carta de transmisión del Banco Interamericano de Desarrollo (BID)? ¿Qué se puede mencionar sobre las diferencias entre este elemento y otros elementos de esta carta y otras cartas mencionadas anteriormente en este cuaderno?

## BREVE VOCABULARIO UTIL

**breve sumario**  *short summary*
**carta de transmisión**  *President's yearly summary letter*
**de conformidad con lo dispuesto**  *pursuant to*
**director general**  *chief executive officer (CEO)*
**ejercicio financiero**  *fiscal year*
**en cumplimiento de**  *in compliance with*
**facilidad de financiamento intermedio**  *intermediate financial credit*
**fuentes de recursos**  *sources of funds*
**haber (m)**  *assets*
**informe anual**  *annual report*
**memoria**  *annual report*
**órganos de enlace**  *connecting agencies*
**patrimonio**  *assets*
**presidente (m/f)**  *president, chief executive officer (CEO)*
**programación**  *planning*
**que corresponde a**  *with respect to*

Nombre_____ Clase_____ Fecha_____

## LECTURA

## El informe anual y la carta de transmisión del presidente

Al final del año fiscal, el presidente o el director general tiene que preparar un resumen escrito—una memoria—de las actividades comerciales y financieras del año pasado. En este informe anual se incluye una carta de transmisión del presidente a la Asamblea o la Junta Directiva y a los accionistas como parte del testimonio anual oficial. En muchos casos se prepara un informe encuadernado para distribuir entre las entidades o las personas que tengan interés.

Este informe generalmente contiene los siguientes datos:

- un resumen de las diversas operaciones de la empresa durante el ejercicio financiero
- una descripción del programa alcanzado en estas operaciones
- una lista que detalla los recursos (el haber o patrimonio) de la empresa
- los asuntos en los cuales los distintos oficiales de la institución participaron durante el año, los éxitos realizados y una evaluación de su papel en las operaciones
- una descripción detallada de los distintos proyectos realizados
- el estado financiero de la empresa y otros documentos esenciales que aclaren el estado de la misma

### CARTA MODELO 13-1. CARTA DE TRANSMISION DEL PRESIDENTE

Lea la siguiente carta y haga los ejercicios a continuación.

---

**Banco Interamericano de Desarrollo**
**Washington, D.C.**

13 de febrero de 199__

Señor Presidente:

De conformidad con lo dispuesto en la Sección II del Reglamento General del Banco, transmito a usted el Informe Anual correspondiente al ejercicio financiero de 199__ , que el Directorio Ejecutivo presenta a la Asamblea de Gobernadores.

El Informe contiene un breve sumario de las tendencias del desarrollo en América Latina, una revisión de las actividades en 199__ , y un análisis sectorial de las operaciones del Banco.

Además, el Informe presenta una descripción por países y también sobre bases regionales, de las diversas operaciones que el Banco lleva a cabo –préstamos, financiamiento de pequeños proyectos y cooperación técnica– para ayudar al desarrollo de América Latina, así como una relación de los progresos alcanzados en la ejecución de los proyectos, una lista de los préstamos aprobados en 199__ , indicadores estadísticos correspondientes a la región, los estados financieros del Banco y los apéndices generales.

En cumplimiento del Artículo III, Sección 3, Literal (a) del convenio Constitutivo del Banco, se presentan separadamente los estados de las cuentas correspondientes a las distintas fuentes de recursos , revisados por los auditores externos. Los que corresponden a los recursos ordinarios de capital, se presentan de conformidad con las disposiciones del Artículo VIII, Sección 6, Literal (a) del Convenio Constitutivo; los del Fondo para Operaciones especiales, en cumplimiento del Artículo IV, Sección 8, Literal (d) del Convenio Constitutivo; los de la Cuenta de la Facilidad de Financiamiento Intermedio, de acuerdo con la Sección 5, Literal (d) de la Resolución AG-12/83 de la Asamblea de Gobernadores; los del fondo Fiduciario de Progreso Social, de acuerdo con la Sección 5.04 del Contrato firmado entre el gobierno de los Estados Unidos y el Banco, y los del Fondo de Fideicomiso de Venezuela, según el Artículo VI, Cláusula 24, del Contrato entre el gobierno de Venezuela y el Banco.

Saluda a usted muy atentemente,

Enrique V. Iglesias
Señor Presidente de la Asamblea de Gobernadores
Banco Interamericano de Desarrollo

Nombre_____ Clase_____ Fecha_____

**¿QUE SABE UD DEL INFORME ANUAL Y DE LA CARTA DE TRANSMISION DEL PRESIDENTE?**
Vuelva Ud. a las preguntas de orientación que se hicieron al principio del capítulo y ahora contéstelas en oraciones completas en español.

1. _____
_____
_____
_____

2. _____
_____
_____
_____

3. _____
_____
_____
_____

4. _____
_____
_____

5. _____
_____
_____


**EJERCICIOS**

1. Dé un sinónimo de las siguientes palabras o frases, usando las que están subrayadas en la carta modelo 13-1 y otras que Ud. conozca. También traduzca estas frases al inglés.

   a. de acuerdo con _____

      (inglés)_____

   b. estatuto _____

      (inglés) _____

Nombre_____ Clase_____ Fecha_____

c. año fiscal _____
   (inglés) _____

d. breve resumen _____
   (inglés) _____

e. realiza _____
   (inglés) _____

f. origen de fondos _____
   (inglés) _____

g. interventor de cuentas _____
   (inglés) _____

h. los que pertenecen _____
   (inglés) _____

2. Traduzca al inglés la carta modelo 13-1.

Nombre_____ Clase_____ Fecha_____

Nombre _____  Clase _____  Fecha _____

3. Redacte en español para su propia empresa una carta de transmisión a los accionistas y otros oficiales. Esta debe seguir el estilo de la carta modelo 13-1.

**Problema numérico-comercial 13-1.**

Todos los años Ud. procura asesorar el valor total de su patrimonio personal y/o familiar con fines de evaluar su situacián financiera. Para hacerlos, Ud. prepara dos estados de situación—uno para precisar el activo y el pasivo, o sea, para saber lo que tiene y lo que debe—y otro en que se especifican los gastos y rentas. Sirviéndose de los siguientes modelos, indique el valor de cada partida.

### Patrimonio personal y/o familiar (anual)

| Activo | | Pasivo | |
|---|---|---|---|
| Casa | _____ | Cuentas por pagar | _____ |
| Automóvil | _____ | Deudas a largo plazo | _____ |
| Otros bienes inmuebles o muebles | _____ | TOTAL PASIVO | _____ |
| Acciones | _____ | | |
| Bonos | _____ | | |
| Otros valores | _____ | | |
| TOTAL ACTIVO | _____ | | |

### Presupuesto personal y/o familiar (anual)

| RENTAS | | GASTOS | |
|---|---|---|---|
| Salario o sueldo | _____ | Alimentos | _____ |
| Inversiones | _____ | Ropa | _____ |
| Otras rentas | _____ | Vivienda | _____ |
| TOTAL RENTAS | _____ | Transporte | _____ |
| | | Otros gastos | _____ |
| | | TOTAL GASTOS | _____ |

Haga los siguientes ejercicios:

(1) ¿Tiene Ud. saldos deudores o acreedores en ambos estados? ¿De cuánto dinero?

(2) ¿Cómo puede Ud. mejorar su estado de situación?

Nombre _____   Clase _____   Fecha _____

**DOCUMENTO MODELO 13-1. INDICE DEL INFORME ANUAL**

El índice del informe anual debe incluir todos los datos necesarios para que el lector pueda comprender la historia de la empresa durante el año pasado, el estado actual y el probable futuro de ella.

# *INDICE*

Carta de transmisión del Presidente ...................... iv
Diez años de operaciones, 198_-199_ ...................... v
Tendencias del desarrollo ......................................... 1

**SECCION I: EL BANCO EN 199_**

El Banco en transición ............................................... 5
Operaciones
Acontecimientos más destacados ............................ 6
Actividad crediticia ..................................................... 7
Cooperación técnica ................................................ 10
Financiamiento de pequeños proyectos ............... 11
Apoyo a sectores de bajos ingresos ...................... 13
Apoyo a la integración económica ........................ 13
Protección del medio ambiente .............................. 15
La mujer en el desarrollo ........................................ 16
Beneficios recíprocos ............................................... 17

**Recursos**
Movilización de recursos ......................................... 18
Captación de recursos .............................................. 21
Financiamiento complementario ............................ 22
Ejercicio financiero ................................................... 22
Fondos en administración ....................................... 23
Corporación Interamericana de Inversiones ........ 26

**Asuntos institucionales**
Presidencia ................................................................. 27
Asamblea de Gobernadores ................................... 27
Directorio Ejecutivo .................................................. 27
Oficina de Revisión y Evaluación Externa ............ 29

Programación, evaluación de operaciones y
   auditoría interna .................................................... 29
Administración .......................................................... 30
Cooperación con otras organizaciones ................. 31

**SECCION II: PROYECTOS**

Préstamos por sectores ............................................ 35
Avances en los proyectos ........................................ 43
Descripción de proyectos ........................................ 47
Lista de préstamos aprobados en 199_ ............... 102
Cifras seleccionadas sobre América Latina ........ 104

**SECCION III: ESTADOS FINANCIEROS Y ANEXOS**

Estados financieros ................................................ 115
Recursos ordinarios de capital ............................. 119
Fondo para Operaciones Especiales .................... 133
Cuenta de Facilidad de Financiamiento
   Intermedio ........................................................... 143
Fondo de Fideicomiso de Venezuela ................... 153

**Anexos**
Gobernadores y Gobernadores Suplentes .......... 158
Directores Ejecutivos y Suplentes ........................ 159
Funcionarios principales del Banco ..................... 160
Organos de enlace y depositarios ........................ 161
Oficinas del Banco y Representantes .................. 162

**EJERCICIOS**

**INDICE DEL INFORME ANUAL PARA COMPLETAR**

1. Utilice los informes personales hechos por Ud. al final de cada capítulo de este cuaderno para escribir a continuación un índice del informe anual de su propia empresa.

_____

_____

Nombre_____ Clase_____ Fecha_____

Nombre_____ Clase_____ Fecha_____

2. Redacte un informe narrativo que resuma los hechos importantes correspondientes al año fiscal 199_ , el año inicial de la constitución de su propia empresa. Utilice el índice del ejercicio anterior como bosquejo de su informe. La junta directiva, su profesor/a de español, y sus accionistas y clientes, es decir, sus compañeros de clase, van a recibir un ejemplar de este documento. ¡Buena suerte ahora y en el futuro éxito de su empresa!

# APENDICE 1

## Siglas Comerciales Utiles

| SIGLA | PALABRA/EXPRESION | SIGNIFICADO EN INGLES |
|---|---|---|
| | **A** | |
| a.c. | año corriente | current year |
| A.M. | ante meridiano | a.m. |
| adj. | adjunto | attachment |
| Admón. | administración | management |
| afmo. | afectísimo | very truly |
| apto. | apartado | post office box, P.O. Box |
| art. | artículo | article |
| Atn. | Atención | Attention |
| Avda. | Avenida | Avenue |
| | **B** | |
| B/. | bultos | bundles, packages |
| B/L | conocimiento de embarque | bill of lading |
| B.O.E. | Boletin Oficial del Estado | Official Gazette |
| | **C** | |
| C., c/ | calle | street |
| C/ | cuenta | account |
| C/A | cuenta de ahorros | savings account |
| cheq. | cheque | check |
| Cía. | compañía | company |
| cm. | centímetro | centimeter |
| cntrl. | control | control |
| cot. | cotización | quote, quotation |
| cta. | cuenta | account |
| c/u | cada uno | each one |
| | **D** | |
| D. | don | title of respect |
| dcha. | derecha | right |
| dep. | depósito | deposit |
| depto. | departamento) | department |

| | | |
|---|---|---|
| desc. | descuento | discount |
| d/f | días fecha | at \_\_\_\_ days' date |
| D.N.I. | Documento Nacional de Identidad | National Identification (Spain) |
| dupdo. | duplicado | duplicate |
| d/v | días vista | at \_\_\_\_ days' sight |

## E

| | | |
|---|---|---|
| EE.UU. | Estados Unidos | United States |
| efvo. | efectivo | cash |
| embje. | embalaje | packing |
| env. | envase | container |
| EUA | Estados Unidos de América | U.S.A. (United States of America) |
| exp. | exportación | export |

## F

| | | |
|---|---|---|
| f.a.b. o f.o.b. | franco a bordo | free on board |
| F.C. | ferrocarril | railroad |
| fha. | fecha | date |
| f° | folio | folio |
| fono. | teléfono | telephone |
| fra. | factura | invoice |
| Fig. | figura | figure |

## G

| | | |
|---|---|---|
| g/ o g. | giro | draft; exchange |
| gr. | gramo | gram |
| gral. | general | general |

## H

| | | |
|---|---|---|
| Hno. o Hnos. | Hermano o hermanos | Brother or Brothers |

## I

| | | |
|---|---|---|
| impte. | importe | amount, total |
| impto. | impuesto | tax |
| izqda. | izquierda | left |

## K

| | | |
|---|---|---|
| kg. | kilogramo | kilogram |
| km. | kilómetro | kilometer |

## L

| | | |
|---|---|---|
| L./ o L$^a$ o l. | letra de cambio | bill of exhange |
| Ltd. o Ltda. | limitada | limited |
| Lb. | libra, libras | pound, pounds |
| liq$^o$ | líquido | liquid |

## M

| | | |
|---|---|---|
| m. | metro | meter |
| merc. | mercadería, mercancía | merchandise |
| m/f | mi favor | my favor, to my account |
| m/fha | meses fecha | at _____ months' date |
| M/S | manuscrito | manuscript |
| m/v | meses vista | at _____ months' sight |

## N

| | | |
|---|---|---|
| N$^o$ o No. o núm. | número | Num., number |
| n/f | nuestro favor | our favor, to our account |

## O

| | | |
|---|---|---|
| o/ | orden | order |
| onz. | onza | ounce |

## P

| | | |
|---|---|---|
| p. | pagaré, por | I.O.U., for |
| pág. | página | page |
| pagd$^o$ o pagd$^a$ | pagado o pagada | paid |
| paq. | paquete | package |
| part. | partida | entry |
| P.D. | posdata | post script |
| p. ej. | por ejemplo | for example |
| pgdro/a/s | pagadero | payable |
| Pl. | plaza | place |

| | | |
|---|---|---|
| P.M. | pasado meridano | p.m. |
| Po. nto. | peso neto | net weight |
| p.pdo. | próximo pasado (mes) | last month |
| prod. | producto | product |
| pta. o ptas. | peseta or pesetas | peseta or pesetas |
| ps. | peso | peso |

## Q

| | | |
|---|---|---|
| Q.B.S.M. | que besa(n) su mano | respectfully |
| q.e.p.d. | que en paz descanse | may s/he rest in peace |

## R

| | | |
|---|---|---|
| ref. | referencia | reference |
| reg. | registro | record |
| recib.º | recibido | received |

## S

| | | |
|---|---|---|
| S.A. | Sociedad Anónima | Corporation |
| S.A. de C.V. | Sociedad Anónima de Capital Variable | Variable Capital Corporation |
| sal. | salida | departure |
| san. o sanit. | sanitario | health |
| S. en C. | Sociedad en Comandita | silent partnership |
| S. en N.C. | Sociedad en Nombre Colectivo | partnership |
| s/f | su favor | your favor, to your account |
| soc. | sociedad | company |
| sol. | solicitud | request |
| S.R.L. | Sociedad de Responsabilidad Limitada | limited liability company |
| Sr. o Sra. o Srta. | Señor o Señora o Señorita | Mr., Mrs. or Miss/Ms. |
| S.S.S. | Su Seguro Servidor | Respectfully yours |

## T

| | | |
|---|---|---|
| tel. | teléfono | telephone |
| ton. | tonelada | ton |
| tot. | total | total |

## U

| | | |
|---|---|---|
| Ud. | usted | you, formal, singular |
| Uds. | ustedes | you, formal, plural |
| útl.º | último | last |

## V

| | | |
|---|---|---|
| Vd. | usted | you, formal, singular |
| Vds. | ustedes | you, formal, plural |
| VºBº | Visto Bueno | approved, OK |
| vto. | vencimiento | maturity, expiration, due date |
| yd(s) | yarda(s) | yards |

# APENDICE 2

## RESPUESTAS A PROBLEMAS NUMERICO-COMERCIALES

A continuación, para cada lección, se dan las respuestas para casi todos los problemas numérico-comerciales. Cada número de respuesta corresponde al número del ejercicio en la lección. Sólo con respecto a los problemas en que se pide que los estudiantes hagan una investigación personal o científica, no se ofrecen soluciones específicas, ya que los resultados pueden variarse según los datos y cifras obtenidos. En algunas respuestas también se indican las computaciones hechas para lograr los resultados finales.

### Lección preliminar

Respuestas

(1) Las respuestas varían según las cifras y los datos hallados por los estudiantes.

### Lección I

Respuestas

(1) $100.000

(2) SOCIO              POR CIENTO DEL CAPITAL APORTADO
    Ud. (activo)       15%      ($15.000 / 100.000)
    Socio II (activo)  20%      ( 20.000 / 100.000)
    Socio III (activo) 15%      ( 15.000 / 100.000)
    Socio IV (comand.) 50%      ( 50.000 / 100.000)

(3) SOCIO              GANANCIAS
    Ud.        $6.000  ($40.000 x .15)
    Socio II    8.000  ( 40.000 x .20)
    Socio III   6.000  ( 40.000 x .15)
    Socio IV   20.000  ( 40.000 x .50)

(4) Los socios activos tienen que asumir $150.000 del dinero perdido ya que, normalmente, a menos que indiquen los contratos de constitución algo diferente, el socio comanditario sólo es responsable del dinero que ha aportado al constituir la empresa. En este caso, el socio comanditario sólo pierde $50.000 mientras los activos pierden más de lo que han aportado. Por supuesto, cuando se trata de ganancias, el socio comanditario, a menos que indique el contrato de constitución algo diferente, gana el por ciento en proporción al por ciento que ha aportado a la empresa.

(5) Para reducir su responsabilidad financiera y evitar pérdidas tales como las indicadas en 4, los socios activos podrán formar una sociedad anónima o limitada y entonces gozar de los mismos derechos que el socio comanditario.

## Lección II

Respuestas

(1) Su sueldo será $48.000 ($40.000 + $40.000(.20)).

(2) A la compañía le costarían $68.000 ($48.000 + $10.000 + $10.000) para enviarle a Ud. a México.

## Lección III

Respuestas

(1) El interés del primer pagaré será $22.000 ($100.000 x .11 x 2).
El interés del segundo pagaré será $18.000 ($50.000 x .12 x 3).

(2) El importe total del primer pagaré será $122.000 ($100.000 + $22.000).
El importe total del segundo pagaré será $68.000 ($50.000 + $18.000).

(3) La compañía tendrá que pagar $190.000 al final de tres años.

## Lección IV

Respuestas

(1) Al haber alquilado el edificio, la compañía habrá pagado $12.000.000 colones el primer año ($1.000.000 x 12) y 12.600.000, el segundo año (1.000.000 + 1.000.000[.05 x 12]).

(2) Al haber comprado el edificio, la compañía habrá pagado $126.000.000 ($100.000.000 + $100.000.000[.13 x 2]).

(3) Será más eficaz alquilar el edificio a corto plazo, o sea, por dos años porque no resulta tan caro como el comprar el edificio, pero, a largo plazo, o sea, después de 20 años, resultará más eficaz comprarlo.

## Lección V

Respuestas

(1) $250 + $20 + $50 + $15 + $135 + $40 = $510

(2) Si Ud. paga el importe en 30 días, pagará $459 (total venta $510, menos el descuento de 10% o $51, $510 - $51 = $459).

(3) Tendrá que pagar $548,25 ($510 + $510 x ,075)

**Lección VI**

Respuestas

(1) Ud. ganará $31.200 (52 semanas x 40 horas x $15 por hora).

(2) Ud. ganará $32.760 ($31.200 + $31.200 x .05).

**Lección VII**

Respuestas

(1) $1.750 + $2.000 + $3.000 + $150 = $6.900.

(2) El importe total será $7.245 ($6.900 venta mercancía + [$6.900 x .05, coste de flete y seguros]).

**Lección VIII**

Respuestas

(1) Los gastos publicitarios representan el 15% de los gastos totales ($315.000 / $2.100.000).

(2) Los gastos publicitarios constituyen el 12% de la venta total ($315.000 / $2.625.000)

(3) Las ganancias representan el 20% de la venta ($2.625.000 - $2.100.000 = $525.000; $525.000 / $2.625.000)

**Lección IX**

Respuestas

(1) La tarifa marítima será $1.200 ([12.000 / 150] x $15).

   La tarifa terrestre será $1.920 ([12.000 / 125] X $20).

   La tarifa aérea será $4.200 ([12.000 / 100] x $35).

(2) La tarifa marítima será la más barata.

## Lección X

Respuestas

(1) La empresa tendría que vender 6.000.000 acciones ($225.000.000 / $37,50)

(2) El importe de la compra será $11.250 (300 x $37,50)

(3) Si subiera el valor nominal a $42,50, Ud. ganaría $1.500 ([$42,50 - $37,50] x 300)

## Lección XI

Respuestas

(1) El viaje costará $3.560.

(2) Quedarán $440 ($4.000 - $3.560)

## Lección XII

Respuestas

(1) Los balances de pagos, en mil millones de dólares, son:

| Balance de pagos = | Exportaciones | - | Importaciones |
|---|---|---|---|
| 1992 $9.894 = | $69.929 | - | $60.035 |
| 1993  4.486 = | $70.358 | - | $65.872 |
| 1994  3.278 = | $82.376 | - | $79.098 |

No hubo déficits durante el trienio sino superávits.

(2) El valor del comercio internacional entre EE.UU. y los países hispanohablantes está en ascenso pero a la vez los países hispanos están reduciento el porcentaje del superávit gozado por los EE.UU.

## Lección XIII

Respuestas

(1) Las respuestas varían según las cifras y los datos hallados por los estudiantes.

# APENDICE 3

## Bibliografía de textos útiles sobre la correspondencia y la documentación comerciales

**ACUÑA MONTENEGRO, JOSE R.** *Correspondencia y documentación comercial moderna.* México: McGraw Hill de México, 1970.

**AGENCIA EFE.** *Manual de español urgente, 9a ed.* Madrid: Agencia Cátedra, 1992.

**AGUIRRE BLANCA Y CONSUELO HERNANDEZ.** *El lenguaje administrivo y comercial.* Madrid: Sociedad General Española de Librería, 1983.

**CABALLERO MARTINEZ, ANTONIO.** *Correspondencia comercial y bancaria., 5a ed.* Madrid: Antonio Caballero, 1988.

**CALLEJA MEDEL, GILDA Y CARLOS TIRADA ZABALA.** *Como dominar la correspondencia comercial rápidamente: Curso acelerado de oficina, 7a ed.* Playor: Madrid, 1988.

**COTS TRIAS, ANTONIO.** *Correspondencia mercantil: Método práctico, 37a ed.* Barcelona: Publicaciones Cots, 1985.

**ELLIOTT, STEPHEN P., ed.** *The Random House Book of Contenporary Business Letters.* New York: Random House, 1989.

**EQUIPO DE EXPERTOS 2100.** *Correspondencia comercial de hoy.* Barcelona: Editorial De Vecchi, S.A., 1990.

**ESCRIBANO BELLIDO, CARLOS.** *Todo sobre la letra de cambio y sus infracciones.* Barcelona: Editorial De Vecchi, S.A., 1989.

**FERNANDEZ-ARAMBURU, JOSE M.** *Todo sobre alquileres de pisos, locales de negocios y locales industriales.* Barcelona: Editorial De Vecchi, S.A., 1990 .

**GARRIDO, CARLOS.** *Manual de correspondencia comercial .* De Vechi: Barcelona, 1988.

**GOMEZ-QUINTERO, ELA, AND MARIA E. PEREZ.** *Al día en los negocios: Escribamos.* New York: Random House, 1984.

**GONZALEZ DEL VALLE, LUIS, AND ANTOLIN GONZALEZ DEL VALLE.** *Correspondencia comercial: Fondo y forma.* Cincinnati: South-Western Publishing Co., 1981.

**MARTINEZ DE SOUSA, JOSE.** *Diccionario internacional de siglas y acrónimos, 2da ed.* Madrid: Pirámide, 1984.

**MATA, R.M.** *El gran libro de la moderna correspondencia comercial y privada.* Barcelona: Editorial De Vecchi, 1991.

**OBRA COLECTIVA DVE.** *El gran libro de la moderna correspondencia comercial.* Barcelona: Editorial De Vecchi, 1989.

**REYES, ALFONSO.** *Correspondencia.* Fondo de cultura ecónomica: México, 1986.

**RIVERS, PAUL.** *Cuaderno de español práctico comercial.* New York: Harcourt Brace Jovanovic, Inc., 1980.

**ROJAS, DEMOSTENES.** *Redacción comercial estructurada. 2da ed.* México: Libros McGraw-Hill de México, 1985.

**ROSELL FERRER, JORDI.** *Todas las normas y los documentos mercantiles en las relaciones internacionales.* Barcelona: Editorial De Vecchi, S.A., 1986.

**SAMPERE CAMPS, ALBERTO, AND ISABEL VILLAR HERRAN.** *La redacción comercial.* Salamanca: Publicaciones del Colegio de España, 1986.

**SANTOS, NELLY E.** *Español comercial.* New York: Harper & Row Publishers, 1981.

**STEEL DE MEZA, BARBARA.** *Business Letter Handbook. Manual de correspondencia comercial.* New York: Regents Publishing, 1985.

**TEAM DE ECONOMISTAS DVE.** *Los contratos para las empresas: Ejemplos prácticos comentados.* Barcelona: Editorial De Vecchi, S.A., 1989.

**VALDIVIESO, JORGE H., AND L. TERESA VALDIVIESO.** *Negocios y comunicaciones.* Lexington, Mass.: D. C. Heath, 1988.

***WEBSTER'S GUIDE TO BUSINESS CORRESPONDENCE.*** Springfield, Mass.: Merriam-Webster, Inc., 1988.

## DICCIONARIOS

**CHIRI, ALFREDO U.** *Spanish-English, English-Spanish Dictionary of Computer Terms.* New York: Hippocrene Books, 1993.

**CORBEIL, JEAN-CLAUDE AND ARIANE ARCHAMBAULT.** *Visual Dictionary: Look Up the Word from the Picture/Find the Picture from the Word.* New York: Facts on File, 1992.

**FRYER, T. BRUCE AND HUGO J. FARIA.** *Spanish for the Business Traveler.* Hauppauge, NY: Barron's Educational Series, 1994.

**GALIMBERTI JARMAN, BEATRIZ AND ROY RUSSELL, eds.** *The Oxford Spanish Dictionary: Spanish-English/English-Spanish.* Oxford: Oxford University Press, 1994.

**HINKELMAN, EDWARD G.** *Dictionary of International Trade.* San Rafael, CA: World Trade Press, 1994.

**ROBB, LOUIS A.** *Dictionary of Modern Business: Spanish-English and English-Spanish.* Washington: Anderson-Kramer Assoc., 1960.

**ROSENBERG, JERRY M.** *Dictionary of International Trade.* New York: John Wiley & Sons, Inc. 1994.

**SMITH, COLIN.** *Collins Spanish-English, English-Spanish Dictionary, 3rd ed.* New York: Harper-Collins, 1992.

**TAMAMES, RAMON.** *Diccionario de economía. 4a ed.* Madrid: Alianza Editorial, S.A., 1989.

**URRUTIA RAOLA, MANUEL.** *Diccionario de negocios: Contabilidad, administración, finanzas, economía y mercadotecnia.* México: Editorial Limusa, 1991.

**WILLIAMS, EDWIN B.** *Williams: Diccionario Español-Inglés/Inglés-Español, 2a edición.* México: McGraw-Hill, 1993. [Sección central: Vocabularios temáticos bilingües].

# VOCABULARIO
## Español-Inglés

## A

**abastecedor/a** *supplier*
**abastecer** *to supply*
**abastecimiento** *supply*
**abonar** *to credit*
**absoluta reserva** *strictest confidence*
**acción** *stock, share*
**accionista (m/f)** *stockholder, shareholder*
**acero** *steel*
**a continuación** *following, below (on a page)*
**acordar (ue)** *to agree*
**a corto (largo, medio) plazo** *in the short (long, mid) term*
**acreedor/a** *creditor*
**actas (de una reunión)** *minutes (from a meeting)*
**activo** *asset*
**actual (adj.)** *current*
**acudir** *to come, attend*
**acuerdo** *agreement*
**acusar recibo de** *to acknowledge receipt of*
**acuse de recibo (m)** *acknowledgment*
**adelante por** *in advance*
**adeudar** *to debit*
**adjuntar** *to attach, enclose*
**adjunto (adj)** *attached, enclosed*
**aduana** *custom*
**afán (m)** *eagerness*
**aficionado/a** *fan*
    ___ **de deportes** *sports fan*
**afín (adj)** *related*
**agradarle** *to be pleased*
**agradecer** *to thank*
**agrado** *pleasure*
**agregar** *to add*
**ahorro** *saving*
**ajustar** *to settle, fix, adjust*
**ajuste (m)** *settlement, payment, adjustment*
**a la mayor brevedad** *as soon as possible*
**a la vista** *at sight*
**albarán (m)** *delivery invoice*
**al dorso** *on the back*
**alicates universales (m)** *multipurpose pliers*
**almacén (m)** *warehouse, department store*
**almacenaje (m)** *storage*
**alojamiento** *lodging*
**al parecer** *apparently*
**al por mayor** *wholesale*
**al portador** *to the bearer*
**alquilar** *to rent*

**alquiler (m)** *rent*
**amable (adj.)** *kind*
**amplitud** *magnitude*
**anexar** *to append*
**anexo** *attachment*
**anotar** *to note, jot down*
**antedicho (adj)** *aforementioned*
**antefirma** *formal ending of letter (usually company name)*
**anti-arrugas** *wrinkle-proof*
**anticipadamente** *in advance*
**anticipado, por** *in advance*
**anuncio** *announcement, advertisement*
**año en curso** *this year*
**aparatos electrodomésticos** *household appliances*
**apartado** *post office box*
**a partir de** *henceforth*
**apertura** *opening (of a business)*
**aplazamiento** *postponement*
**aplazar** *to postpone*
**apoderado** *agent, representative*
**aportación** *contribution*
**aportar** *to contribute*
**apreciable** *esteemed*
**aprobación** *approval*
**arancel (m)** *tariff*
**árbitro** *arbiter, umpire*
**archivar** *to file*
**archivo** *filing cabinet, file*
**arrendador/a** *lessor, landlord, renter*
**arrendamiento** *lease, rent*
**arrendatario/a** *lessee, tenant, renter*
**Asamblea de Gobernadores** *Board of Governors*
**ascender** *to promote*
**ascender (ie)** *to amount to, to be promoted to*
**ascenso** *promotion*
**asegurar** *to insure*
**asentar** *to make an entry (bookkeeping)*
**asesor/a** *consultant, advisor*
**asesoramiento** *advice, counsel*
**asiento** *entry (accounting)*
**asignar** *to assign*
**aspirador** *vacuum cleaner*
**asunto** *matter, theme*
**atender (ie)** *to help, serve, wait on somebody*
**atentamente** *sincerely*
**atento (adj)** *considerate, helpful, thoughtful*
**autonomía** *autonomous region (Spain)*
**ave (f)** *bird*

**avería** *damage*
**averiado (adj)** *damaged*
**aviso** *notice, warning*
**a vuelta de correo** *by return mail*
**ayudante (m/f)** *assistant*
**azafrán (m)** *saffron*

## B

**balance (m)** *balance sheet*
    —— **de situación** *balance sheet*
**banca** *banking (industry)*
**bancario** *banking*
**bandeja** *tray*
    —— **fija** *stationary tray*
**beneficio** *profit, benefit*
**beneficioso (adj)** *profitable*
**bien (m)** *good*
    —— **inmueble** *real estate*
    —— **mueble** *movable or personal property*
**boleta de depósito** *deposit slip*
**bolsa** *stock market, stock exchange*
**bonaerense (adj)** *pertaining to Buenos Aires*
**bonificación** *allowance, discount, rebate*
**bono** *bond*
**borrador (m)** *rough draft*
**bote (m)** *jar*
**breve sumario** *short summary*
**brevedad, a la mayor** *as soon as possible*
**brindar** *to offer*
**brocha** *paintbrush*
**bruto (adj)** *gross*
**buque (m)** *ship*
**bulto** *bulk*
**búsqueda** *search (job)*

## C

**cadena** *chain*
**caja** *cash, cash register, box, case*
    —— **social** *company cash*
**caldera** *heater, boiler*
**cambio de moneda** *exchange*
    —— **de dirección** *relocation, change of address*
**camote (m)** *sweet potato (México)*
**campaña** *campaign*
**capital (m)** *capital*
    —— **social** *working capital*
**cargar** *to charge*
**cargo** *charge; post, position*
**carpeta** *folder, portfolio*
**carrera** *career, street (Colombia)*
**carta** *letter*
    —— **agradeciéndole a uno ayuda durante un viaje** *letter thanking someone for help during a trip*
    —— **circular** *form letter*
    —— **de apertura** *letter announcing the opening (of a business)*
    —— **de cancelación** *cancellation letter*
    —— **de clausura o liquidación** *letter announcing the closing (of a business)*
    —— **de cobro** *collection letter*
    —— **de concesión de crédito** *letter authorizing credit*
    —— **de cotización** *quote, quotation letter*
    —— **de crédito** *letter of credit*
    —— **de denegación de crédito** *letter denying credit*
    —— **de pedido** *letter making an order*
    —— **de petición de referencias** *letter requesting references*
    —— **de presentación** *letter of introduction*
    —— **de reclamación** *complaint letter*
    —— **de recomendación** *letter of recommendation*
    —— **de referencia** *reference letter*
    —— **de reservación** *letter making reservations*
    —— **de solicitud de crédito** *letter requesting credit*
    —— **de solicitud de cotización** *letter requesting a price quotation*
    —— **de representación exclusiva** *letter requesting exclusive right to represent a company*
    —— **de transformación** *letter announcing change (of a company's legal status)*
    —— **rutinaria** *routine letter*
**casillero** *cashier's window, block (form)*
**cédula** *document, decree*
**cerrojo** *lock*
**cierre (m)** *closing*
**certificado de depósito** *certificate of deposit*
    —— **de origen** *certificate of origin*
    —— **sanitario** *health certificate*
**cifra** *number, figure*
**clave (f)** *key*
**clavo** *nail*
**climatización** *air conditioning*
**cobertura** *coverage (insurance)*
**cobrar** *to charge, collect, cash (a check)*
**comanditario** *silent partner*
**comercialización** *marketing (a product)*
**comerciante (m/f)** *merchant*
**comerciar** *to trade*
**cometido** *task*
**comparecer** *to appear*
**compareciente (m/f)** *person appearing before the court*
**complacerle a uno** *to please someone*
**compra** *purchase*
    —— **neta** *net purchase*
**comprador/a** *buyer*

**compraventa** *trading, buying and selling*
**comprobante (m)** *receipt*
**comprobar (ue)** *to verify*
**comprometerse a** *to commit or pledge oneself to*
**compromiso** *commitment*
**comunicado** *communiqué, communication*
    ——— **de prensa** *press release*
**conceder** *to grant*
**concertar (una cita)** *to make an appointment*
**condiciones de pago** *conditions of payment*
**confianza** *confidence, trust*
**confiar (en)** *to entrust, trust*
**conforme a** *in agreement with*
**conocimiento de embarque** *bill of lading*
**consejo de administración** *board of directors*
**consignación** *consignment*
**consignatario/a** *consignee*
**constar (de)** *to be comprised of*
**consuetudinario** *customary*
**consumidor/a** *consumer*
**contabilidad** *accounting*
**contable (n/adj)** *accountant, accounting*
    ——— **público** *certified public accountant*
**contador/a** *accountant*
**contaduría** *accounting*
**contar con (ue)** *to rely on*
**continente (m)** *building*
**contratiempo** *mishap*
**contratar** *to hire*
**contrato** *contract*
    ——— **de arrendamiento** *lease*
    ——— **de representación exclusiva** *sole agency contract*
**convenio** *agreement*
**convenir** *to agree*
**corredor/a** *broker, agent*
**correo** *post office, mail*
    ——— **aéreo** *airmail*
    ——— **certificado** *registered mail*
    ——— **electrónico** *e-mail*
**corriente (adj)** *current, flow*
**costar** *to cost*
**coste (m)** *cost*
**costo** *cost*
    ——— **de ventas** *cost of goods sold*
**cotizar** *to make a price quotation*
**crediticio (adj)** *credit*
**crédito** *credit*
**cuarto sencillo** *single room*
**cuba** *vat, tub*
**cuenta** *account*
    ——— **corriente** *current account, checking account*
    ——— **de ahorros** *savings account*
    ——— **por cobrar** *accounts receivable*
    ——— **por pagar** *accounts payable*

**cuentacorrentista (m/f)** *holder of a checking account*
**cuidadosamente** *carefully*
**cumplidor (n/adj)** *dependable (person), reliable*
**cumplimiento** *fulfillment, execution*
**cumplir con** *to fulfill*
**cuño** *printing*
**cuota de liquidación** *closing costs*
**currículum vitae (m)** *resume*
**cursos de capacitación** *on-the-job or in-service training*

## CH

**cheque (m)** *check*
    ——— **a la orden o al portador** *check to the bearer*
    ——— **bancario** *bank check*
    ——— **nominativo** *check made out to a specific person*

## D

**dar fe** *to attest to, witness*
**de antemano** *beforehand*
**de conformidad con lo dispuesto** *pursuant to*
**debidamente** *in timely fashion*
**déficit (m)** *deficit*
**degustación de vino** *wine-tasting*
**del actual (año)** *current year*
**demorar** *to delay*
**demostración** *demonstration*
**dengación** *denial*
**denegar (ie)** *to deny, turn down*
**derecho** *right, fee*
**derrotar** *to destroy*
**descongelación** *defrosting*
**descuento** *discount*
**desempeñar** *to perform*
**desempeño** *performance*
**desenfrenado (adj)** *unbridled*
**despachar** *to send, mail; complete*
**despacho** *sending, mailing; office*
**despedida** *close (of a letter)*
**desplazar** *to travel*
**destacar** *to point out*
**destinatario/a** *addressee*
**detenido (adj)** *careful, thorough*
**deuda** *debt*
**deudor (n/adj)** *debtor, one who owes*
**devolución** *return, refund, repayment*
**dictamen (m)** *report*
**dimisión** *firing*
**dimitir** *to fire*
**disponer (de)** *to have available*
**disponible** *available*
**dispositivo** *device*
**dispuesto (adj)** *ready*

**divisa** *currency*
    —— **extranjera** *foreign exchange*
**documento nacional de identidad (D.N.I.)** *official identification card (Spain)*
**domiciliado/a en (adj)** *residing at*

# E

**efectivo** *cash*
**efectos** *goods, property*
**efectuar** *to carry out, perform, complete*
**ejemplar (m)** *copy*
**ejercicio** *accounting period, fiscal year*
**elaborar** *to manufacture, process, produce*
**electrodomésticos** *electrical appliances*
**elemento clave** *key element*
**embalaje (m)** *packing, packaging*
**embarque (m)** *loading, shipment*
**emisión** *issuance, issue*
**emitir** *to issue*
**empaque (m)** *packing*
**empleado/a** *employee*
    —— **modélico** *model employee*
**emprender** *to undertake*
**empresa** *enterprise, company, firm*
    —— **individual** *sole proprietorship*
    —— **social** *company (of more than one person)*
**empresarial (adj)** *managerial*
**encabezamiento** *heading*
**en calidad de** *in the capacity of*
**encargado** *person in charge*
**encargarle a uno hacer algo** *to charge someone to do something*
**encargarse de** *to take charge or care of*
**encuadernación** *binding*
**encuesta** *survey*
**en concepto de** *as, by way of*
**en cumplimiento de** *in compliance with*
**endosante (m/f)** *endorser*
**endosar** *to endorse*
**endosatario/a** *endorsee*
**en efectivo** *cash*
**en espera de** *awaiting*
**enlace, de** *liaison*
**enlatado (adj)** *canned*
**en proporción a** *equal to*
**entrega** *delivery*
    —— **inmediata** *special delivery*
**entregado (adj)** *delivered*
**entrevistado/a** *interviewee*
**entrevistador/a** *interviewer*
**entrevistar** *to interview*
**envase (m)** *packing, packaging*
**en vigor** *in effect*

**envío** *shipment, mailing*
**escoba** *broom*
**escritura** *document, deed*
    —— **de una sociedad** *articles of incorporation*
**escrutinio** *scrutiny*
**estancia** *stay (visit)*
**estadística** *statistic*
**estadístico (adj)** *statistical*
**estado de situación** *financial statement*
    —— **financiero** *financial statement*
**estampar** *to stamp, affix a seal*
**estancia** *stay*
**estanco** *state tobacco shop (where they sell stamps, bills of exchange, and contracts for property rental)*
**estatuilla** *figurine*
**estatuto** *statute*
**estilo** *style*
    —— **bloque** *block style*
    —— **bloque extremo** *extreme block style*
    —— **semibloque** *semi-block style*
**estructuración de precios** *pricing*
**etiqueta** *label, tag*
**eximir de responsabilidad** *to exempt or free from responsibility*
**existencia** *stock (inventory)*
**expedición** *shipment, mailing*
**expedidor/a** *sender*
**expediente (m)** *dossier, curriculum vitae, record*
**expedir (i)** *to send*
**experimentar** *to experience*
**exposición (f)** *exhibit*

# F

**fabricación** *manufacturing*
**facsímil (fax)** *fax, facsimile*
**factura** *invoice*
    —— **consular** *consular invoice*
**fecha de entrega** *delivery date*
    —— **de libramiento** *issue date*
    —— **de vencimiento** *date of maturity*
**feria** *fair*
**fideicomiso** *trusteeship*
**fiduciario (adj)** *fiduciary, trust*
**fijar** *to fix, set*
**filial (f)** *subsidiary*
**financiación** *financing*
**financiamiento** *financing*
**financiero/a** *financial*
**finca urbana** *building*
**firmante (m/f)** *signatory*
**firmar** *to sign*
**flan (m)** *caramel custard*

flete (m) *freight*
flujo de caja *cash flow*
fondo *fund*
fono depositante *depositor's telephone (Chile)*
formulario *printed form*
frigorífico *refrigerator*
fructífero (adj) *fruitful*
fuente de recursos *source of funds*
fuerza mayor *act of God*
fusión de empresas *merger*

## G

gama *range, gamut, spectrum*
ganancia *earning, profit*
gasto anticipado *prepaid expense*
 —— de administración *administrative expense*
 —— de operación *operating expense*
 —— financiero *financial expense*
género *good, article*
gerencia *management*
gerencial (adj) *managerial*
gerente/a *manager, director*
 —— comercial *business manager*
 —— general *general manager*
gestión *management*
girado/a *drawee*
girador/a *drawer*
girar *to draw, make out, or issue*
 —— bajo la razón social de *to do business under the name of*
giro *draft*
gomas elásticas *rubber bands*
grabado (adj) *engraved*
grapa *staple*
grato (adj) *pleasing*
guía aérea *airway bill*

## H

habichuela *kidney bean*
habitación *individual single room*
hacer constar *to point out*
 —— el favor de + infinitivo *to please (do something)*
hasta la fecha *to date*
hipotecario (adj) *mortgage-related*
hispanoparlante (n [m/f/adj) *Spanish-speaker, Spanish-speaking*
historial (m) (personal) *dossier, curriculum vitae, history, record*
hoja de ruta *airbill, route sheet*
horno microondas *microwave oven*

## I

ida y vuelta *round trip*
idóneo (adj) *suitable*
importe (m) *amount, price, cost*
imprenta *printing (house or art)*
impresión *printing (function)*
impreso (n/adj) *printed matter (printed)*
imprimir *to print*
impuesto *tax*
incendio *fire*
incumplimiento *non-fulfillment*
índole (f) *nature*
informe (m) *report*
ingerir (ie) (en) *to interfere (in)*
ingresar *to enter*
ingreso *income*
inmueble (m) *building, property*
inscribir *to register*
inscripción *registration*
intachable (adj) *irreproachable, impeccable*
interés (m) *interest*
inventario *inventory*
inversión *investment*
investigación *research*

## J

juicio *judgment, finding*
junta directiva *board of directors*
juramento *oath*
jurídico (adj) *legal*

## L

ladrillo *brick*
lata *can (e.g., tin can)*
lavadora *washing machine*
lector código barras *bar code control*
letra de cambio *bill of exchange*
librado/a *drawee*
librador/a *drawer*
libranza *order of payment*
librar *to draw, make out, or issue*
libre *free*
libreta *savings book*
 —— tributaria *taxbook number*
licuadora *blender*
ligero (adj) *slight*
limpieza *cleaning*
línea *line*
 —— de atención *attention line*
 —— de crédito *line of credit*
liquidar *to liquidate, settle, pay off*

local (m) *premises*
lucrativo (adj) *lucrative, profitable*

## M

manada *flock*
mando a distancia *remote control*
—— mecánico *manual control*
manifestar (ie) *to show, express*
maquinaria *machinery*
marca *trademark*
martillo *hammer*
medianamente *on the average*
medio publicitario *means of publicity*
medida *measure*
membrete (m) *letterhead*
memorando *memorandum*
memorándum (m) *memorandum*
memoria anual *annual report*
mensual (adj) *monthly*
mercader (m/f) *merchant, trader*
mercadería *commodity, article (pl., merchandise)*
mercado *market*
—— Común *Common Market*
mercancía *merchandise, article, commodity*
mercantil (adj) *mercantile, commercial*
metro *meter*
moneda *coin, currency*
montar *to establish, put up*
moroso (adj) *late, overdue, delinquent*
motivo *reason*
mudanza *move*
mueble (m) *furniture*
muestra *sample*
mutuante (m/f) *lender*
mutuatario/a *borrower*

## N

negocio *business, deal*
neto (adj) *net*
nevera *refrigerator*
nombramiento *appointment (to a position)*
nominativo *bearing a person's name*
notario público *notary public*

## O

oferta *offer, supply*
onza *ounce*
oportuno (adj) *timely*
orden (f) *order, form*
—— de compra *purchase order*
—— de pago *order to pay*
—— de pedido *order form*

ordenador (m) *computer*
ordenante (m/f) *person who places an order*
organigrama (m) *organizational chart, flow chart*
ortográfico (adj) *spelling*
ostentar *to show, flaunt*
otorgante (m/f) *party to a contract, signees*
otorgar *to grant*

## P

pactado *agreed on*
pagadero (adj) *payable*
pagaré (m) *promissory note (I.O.U.)*
páguese a la orden de *pay to the order of*
pararrayos *lightning conductor*
parecer, al *apparently*
pago *pay, payment*
pago inicial *downpayment*
parte (f) *party (to a contract)*
partida *entry (accounting)*
pasivo *liability (accounting)*
patrimonio *personal property, inheritance, assets*
pedido *order*
peletería *fur shop*
percance (m) *mishap*
percibir *to collect, receive*
pérdida *loss*
perforadora eléctrica *electric drill*
pericia *expertise*
perito/a *expert*
persiana *venetian blind*
persona idónea *the right person*
personal (m) *personnel*
plancha *iron (appliance)*
planta *floor*
plantilla *staff*
plaza *place, town, market*
plazo *period, installment*
—— de entrega *delivery schedule*
política *policy*
—— de cobro *collection policy*
—— de compras *purchasing policy*
—— de ventas *sales policy*
póliza *policy (insurance)*
poner en marcha *to start*
por adelantado *in advance*
—— anticipado *in advance*
—— correo aparte *under separate cover*
—— ende *therefore*
porcentaje (m) *percentage*
por ciento *per cent*
por separado *separately*
portador/a *bearer*
portátil *portable*

**posdata** *postscript*
**postergar** *to postpone*
**práctica** *practice, policy*
**prácticas** *internship*
**precio** *price*
    \_\_\_\_ **unitario** *unit price*
**precisar** *to specify*
**premio** *award, prize*
**prepagado (adj)** *prepaid*
**preparativo** *preparation*
**presente (la carta)** *this letter*
**presidente** *chief executive officer (CEO)*
**presilla** *clip*
**prestamista (m/f)** *lender*
**préstamo** *loan*
**prestar** *to lend*
    \_\_\_\_ **un servicio** *to provide a service*
**prestatario/a** *borrower*
**presunto (adj)** *potential*
**presupuesto** *budget*
**prima** *premium*
**proceso** *process, action, lawsuit, trial*
**producto nacional bruto (PNB)** *Gross National Product (GNP)*
**promedio** *average*
**promoción de ventas** *sales promotion*
**promover (ue)** *to promote*
**proporcionar** *to provide, supply*
**propietario/a** *owner*
**prórroga** *delay, postponement*
**prorrogar** *to delay, postpone*
**proveedor/a** *supplier*
**publicidad** *publicity*
**publicitario (adj)** *publicity*
**puesto** *job, post*
**punto de partida** *starting point*

# Q

**que corresponde a** *with respect to*
**queda pendiente** *remains pending, unresolved, unsettled*
**quedar a sus órdenes** *to remain*
**quedar de** *to remain*
**quien corresponda, a** *to whom it may concern*

# R

**radio (m)** *radio (device)*
**rama** *branch*
**ramo** *field (sector)*
**razón social (f)** *company name*
**rebaja** *sale, discount, reduction*
**recibo** *receipt*
**recurso** *resource*
**red (f)** *network*

**redacción** *writing, drafting*
**redactar** *to write, edit*
**redactor/a** *editor*
**rédito (m)** *interest, yield, return*
**reembolso** *reimbursement, repayment*
**reemplazar** *to replace*
**reexpedir** *to forward (mail)*
**regir (i)** *to govern*
**registro** *registry*
    \_\_\_\_ **Estatal o Federal de Contribuyentes** *National Tax Registry*
    \_\_\_\_ **Mayorista** *Wholesaler's Registry*
**reglamento** *rule, regulation*
**reino** *kingdom*
**rellenar** *to fill out, complete*
**remesa** *shipment, consignment, remittance*
**remitente (m/f)** *sender*
**remitir** *to send, ship*
**renglón (m)** *item of expenditure*
**renta** *income*
**rentabilidad** *profitability*
**reportero/a** *reporter, news reporter*
**repuesto** *spare part*
**requerimiento** *requirement*
**requisito** *requirement*
**resaltar** *to point out*
**reserva** *reservation (hotel, etc.)*
**responsabilidad civil** *civil or public liability*
**restante (adj)** *remaining*
**reunión** *meeting*
**revalorización** *adjustment, reassessment*
**revisar** *to check*
**revisión** *check, review*
**riesgo** *risk*

# S

**sabiendas, a** *knowingly*
**salario** *wage*
**saldar** *to settle, balance*
**saldo** *balance*
**saludar** *to greet*
**saludo** *greeting, salutation*
**sangrado** *indented*
**sangría** *indentation*
**sede (f)** *headquarters*
**seguro** *insurance*
**sembrador (m)** *sower*
**señas** *address*
**sigla** *abbreviation*
**siguiente** *following*
**silabeo** *syllabication*
**siniestro** *(natural) disaster*

**sin otro particular** *with nothing further to add*
**sintonización** *tuning, program selection*
**sírva(n)se +inf.** *please*
**sobre (m)** *envelope*
**sobresaliente (adj)** *outstanding*
**sociedad** *company, firm*
    ——**anónima** *corporation*
    ——**de responsabilidad limitada** *limited liability company*
    ——**en comandita o comanditaria** *silent partnership*
    ——**en nombre colectivo** *partnership*
**socio/a** *partner, associate*
    ——**activo** *active partner*
    ——**comanditario** *silent partner*
**soldadura** *soldering*
**soler (ue)** *to be accostumed to*
**solicitante (m/f)** *applicant, solicitor*
**solicitar** *to apply for, solicit, request*
**solicitud** *application*
    ——**de empleo** *employment or job application*
**soltero/a** *bachelor, single woman*
**sondeo** *poll*
**subrayar** *to underline, underscore*
**subvención** *subsidy, grant, allowance*
**sucursal (f)** *branch*
**sueldo** *salary*
**sufragar** *to cover or defray (expenses)*
**sumar** *to add up*
**suministrar** *to supply*
**superávit (m)** *surplus*
**suplente (adj)** *deputy*
**supuesto** *hypothetical situation*
**surtido** *assortment*
**suscribir** *to subscribe*
**suscriptor/a** *suscriber*

# T

**talón (m)** *check, stub*
**talonario** *check book, stub book*
**taller (m)** *workshop*
**tarifa** *rate*
**televisor (m)** *television set*
**tenedor/a** *bearer, holder*
**teneduría de libros** *bookkeeping*
**término** *term, period of time*
**terreno** *land*
**testigo** *witness*
**tienda de campaña** *tent*
**tipo de interés** *interest rate*
**titular (m)** *holder (account)*
**título** *deed, degree, title*
**tomador/a** *drawee, holder*

**tomar a su cargo** *to take charge of*
    ——**juramento** *to swear (take an oath)*
**toque (m)** *touch*
**tornillo** *screw*
**tramitar** *to transact, negotiate*
**trámite (m)** *step (pl., procedure)*
**transformación (legal)** *change in legal status*
**trasladar** *to move*
**traslado** *moving*
**trienio** *triennial*
**turrón** *nougat candy*

# U

**ubicación** *location*
**ubicar(se)** *to be located*
**utilidad** *profit, utility*

# V

**vacante** *unfilled, vacant*
**vale (m)** *voucher*
**valerse de** *to make use of*
**valor (m)** *value, worth; security, stock*
    ——**nominal** *nominal or face value*
**valorar** *to value*
**valorización** *valuation*
**vapor (m)** *ship, steamer*
**vencedor/a** *winner*
**vencer** *to mature, to be due; to win*
**vencimiento** *maturity, expiration*
**vendedor/a** *salesman, saleswoman*
**venta** *purchase, sale*
**verificar** *to verify*
**vigente (adj)** *in effect, in force*
**vigor, en** *in effect*
**vinícola** *wine-related*
**visa o visado** *visa*
**viudo/a** *widower, widow*
**vivienda** *dwelling, housing*
**vocal (m/f)** *director*
**volante (m)** *leaflet, attached page*

# Y

**yeso** *plaster*

# VOCABULARIO
## Inglés-Español

## A

**account** *cuenta*
**accounts payable** *cuentas por pagar*
**active partner** *socio activo*
**add up** *sumar*
**advertise** *anunciar*
**advisor** *asesor (m)*
**affiliation** *asociación*
**aforementioned (adj)** *antedicho/a, antemencionado/a, sobredicho/a*
**agricultural** *agrícola (fem. form constant)*
**amount** *cantidad, importe (m)*
**apply** *solicitar*
**appointment** *cita, nombramiento*
**appreciate** *agradar*
**appropriate** *adecuado*
**arrangement** *arreglo, plan (m)*
**asset** *activo, haber*
**assign** *asignar*
**assistant (n/adj)** *asistente, ayudante*
**attach** *adjuntar*
**attached** *adjunto*
**attachment** *adjunto, anexo*
**attend** *acudir (a), asistir (a)*
**average** *promedio*

## B

**balance** *saldo*
**bank (adj)** *bancario*
**bank draft** *giro bancario*
**be in receipt of** *acusar recibo de*
**below** *a continuación*
**bill of exchange** *letra de cambio*
**bond** *bono*
**box** *caja*
**branch (office)** *rama, sucursal (f)*
**budget** *presupuesto*
**building** *edificio, finca urbana*
**business** *negocio, comercio, firma, sociedad; comercial (adj)*

## C

**call** *llamar*
**can** *lata*
**carry (as in to announce)** *anunciar*
**catalog** *catálogo*

**certified public accountant** *contable público*
**charge** *cargar*
    —— **someone with** *cargarle a uno, encargarle a uno*
**check** *cheque (m), talón (m)*
**chief (adj)** *principal*
**chief executive officer (CEO)** *presidente*
**choose** *seleccionar, escoger*
**Christmas (adj)** *navideño*
**circular or form letter** *circular (f/de carta circular)*
**client** *cliente (m/f)*
**clip** *presilla*
**close down** *clausurar*
**commensurate with** *que corresponde a*
**commercial (adj)** *comercial, mercantil*
**company** *compañía, empresa, firma, sociedad*
**compliance** *cumplimiento*
**comply** *cumplir (con)*
**computer** *computadora, ordenador (m)*
**concern (to whom it may –)** *a quien corresponda*
**consignment** *consignación*
**consultant** *asesor/a*
**consultation** *consulta*
**contact** *ponerse en contacto con*
**contract** *contrato*
**contribution** *aportación*
**copy** *ejemplar*
**cost** *costo*
**courtesy** *cortesía*
**credit rating** *valoración o estimación crediticia*
**customer** *cliente (m/f)*

## D

**damaged (adj)** *averiado, dañado*
**deficit** *déficit (m)*
**delay** *demor*
**delighted, to be** *tener el gusto de*
**delivery** *entrega*
**demonstrate** *demostrar*
**demonstration** *demostración*
**director** *director/a*
**discount** *descuento, rebaja; descontar, rebajar*
**downpayment** *pago inicial*
**due, to be** *vencer*

## E

**enclosed** *adjunto*

**enclosure (n)** *adjunto, anexo*
**enter (v)** *ingresar*
**entry (accounting)** *partida*
**equal to** *en procporción a*
**equipment** *equipo, maquinaria*
**establish (v)** *montar*
**exhibit** *exposición*
**expand** *ampliar, extender (ie)*
**export** *exportación; exportar*
**extend** *conceder, extender (ie)*

## F

**fair (n)** *feria*
**failure** *fracaso, falta (to do something)*
**farm (adj)** *agrícola*
**farm (n)** *finca, granja, rancho*
**figurine** *estatuilla*
**financial position** *situación financiera*
    ―――― **statement** *estado de situación*
**flow** *flujo (current liquid), circulación (information), movimiento (money)*
**flow chart** *organigrama*
**form letter** *circular (f/de carta circular)*
**forward** *expedir, enviar, mandar*
**frame (bike)** *cuadro*
**freight** *flete (m)*
**fulfill** *cumplir con*

## G

**good** *bien (m)*
**goods** *mercancías, artículos*
**grant** *conceder, otorgar*
**Gross National Product (GNP)** *producto nacional bruto (PNB)*

## H

**hire (v)** *emplear, contratar*
**holiday (adj)** *festivo*
**hotel (adj)** *hostelero*

## I

**import** *importación; importar*
**improved (adj)** *mejorado*
**in advance** *por adelantado o en anticipación*
**income** *ingreso, renta*
**inconvenience** *inconveniente (m)*
**inform** *informar, notificar*
**inheritance** *patrimonio*

**inquiry** *información, pregunta*
**in this regard** *al respecto*
**insurance** *seguro*
**interest rate** *tipo de interés*
**interview** *entrevista (n); entrevistar (v)*
**interviewee** *entrevistado/a*
**interviewer** *entrevistador/a*
**issue (of a newspaper, magazine)** *número*
**item** *articulo, ítem (m)*

## J

**jar** *jarra, tarro*
**job** *empleo, trabajo*

## K

**kidney bean** *habichuela, frijol, judía, alubia*
**kind** *atento*
**knowledge** *conocimiento*
    **not to my** ―――― *que sepa (yo), no*

## L

**lease** *arrendamiento (n), arrendar (v)*
**leather** *cuero*
**lender** *prestamista*
**letter** *carta*
    ―――― **of credit** *carta de crédito*
**liability (aacounting)** *pasivo*
**line of credit** *línea de crédito*
**liquidate** *liquidar, saldar*
**loan** *préstamo*
**located at** *ubicado en*
**long-term** *a largo plazo*
**look forward to** *esperar*

## M

**management** *administración, gerencia, gestión, dirección*
**manager** *administrador/a, gerente/a*
**market** *mercado, plaza*
**matter** *asunto*
**meet payments** *pagar a tiempo*
**merchandise** *mercancía*
**merger** *fusión de empresas*
**mortgage** *hipoteca*
**move** *mudarse (a), trasladarse (a), mudanza, transladar*

## N

**network** *red (f)*
**notify** *notificar, avisar, comunicar*
**nougat candy** *turrón (m)*
**number** *cifra*

## O

**occupy** *ocupar, vivir (en)*
**opening** *apertura*
**order** *pedido, orden (f)*
**organizational chart** *organigrama*
**ounce** *onza*
**owner** *dueño/a, propietario/a*

## P

**partner** *socio*
**party (person)** *parte (f)*
**payable** *pagadero*
**payment** *pago*
**personal property** *bien mueble*
**pharmaceutical** *farmacéutico*
**place an order** *hacer un pedido*
**please** *sírva(n)se +inf. (command)*
**pleased, to be** *agradecerse*
**pleasure** *gusto*
**policy** *política, norma, prima, práctica*
**portable** *portátil (adj)*
**postpone** *aplazar, prorrogar, postergar*
**premises** *local (m)*
**prepaid** *prepagado*
**price** *precio, importe (m)*
**promote (v)** *ascender (ie)*
**promotion (sales/rank)** *promoción, ascenso*
**prompt** *pronto/a*
**public relations** *relaciones públicas*
**purchase** *compra; comprar*
**purchasing** *de compras*

## Q

**quantity** *cantidad*
**quotation (e.g. of a price)** *cotización*
**quote (e.g. a price)** *cotizar*

## R

**radio (device)** *radio (m)*
**rate** *tarifa*
**rating** *posición, clasificación*

**real estate** *bien inmueble*
**receipt** *recibo, comprobante (m)*
**receipt of, to be in** *acusar recibo de*
**redress** *reclamación*
**reference** *referencia*
**refrigerator** *nevera*
**regarding** *con respecto a*
**register a complaint** *reclamar*
**regret (v)** *lamentar, sentir*
**reliable** *cumplidor*
**remain, to** *quedar (de)*
**remit** *remitir*
**rent (v)** *alquilar*
**rent** *rent (m)*
**repairs** *reparaciones*
**replenish** *reponer*
**reply** *contestación, respuesta*
**report** *informe (m)*
**request** *solicitud, petición; solicitar, pedir*
**requirement** *requerimiento, requisito*
**reservation** *reserva, reservación (para un hotel)*
**retailer** *detallista, minorista*
**right** *derecho*
**right person (for the job)** *persona idónea (para el puesto)*
**rubber bands** *gomas elásticas*

## S

**sale** *venta*
**saving** *ahorro*
**schedule** *horario*
**season** *estación*
**secure** *conseguir (i)*
**seek** *solicitar, buscar*
**serve** *servir (i), atender (ie)*
**set up** *abrir, establecer, montar, poner, concertar (cita)*
**settle (e.g. an account)** *liquidar, saldar*
**settlement** *liquidación*
**ship** *enviar, mandar, despachar, remitir*
**shipment** *envío, remesa*
**shipping company** *compañía naviera*
**\_\_\_ department** *departamento de envíos*
**silent parnter** *socio comanditario*
**silent partnership** *sociedad en comandita o comanditaria*
**skilled** *hábil, experto, especializado*
**soldering** *soldadura*
**solvent** *solvente*
**sorry, to be** *sentir, lamentar*
**sower** *sembrador (m)*
**Spanish-speaking (n/adj)** *hispanoparlante, hispanohablante*

**spare part**  *repuesto*
**staple**  *grapa*
**stock**  *existencia, acción*
**stockholder**  *accionista (m/f)*
**storage**  *almacenaje (m), almacenamiento, memoria (de una computadora)*
**strike**  *huelga*
**striker**  *huelguista (m/f)*
**style**  *estilo*
**subsidiary**  *filial (f)*
**subsidy**  *subvención*
**supplier**  *abastecedor/a, proveedor/a*
**surplus**  *superávit (m)*

# T

**task**  *deber (m), tarea*
**tasting**  *degustación*
**technical**  *técnico*
**terms**  *condiciones*
**thank**  *agradecer(le) a uno*
**time period**  *término*
**timely**  *a tiempo, oportunamente, debidamente*
**training**  *adiestramiento, entrenamiento*
**triennial**  *trienio*
**trust**  *confiar (en), confianza (f)*
**try (taste)**  *probar (ue)*

# U

**unit price**  *precio unitario*
**upcoming (adj)**  *próximo, venidero*

# V

**valuation**  *valorización*
**very truly yours**  *(muy) atentamente*
**voucher**  *vale, comprobante*
**vote**  *voto, votar*

# W

**wholesale**  *al por mayor*